Teoría optimista del fracaso

Ignasi Giró

Teoría optimista del fracaso

Un relato sobre el arte de saber tropezar

KŌAN

c/ Mar Tirrena, 5, 08912 Badalona
www.koanlibros.com • info@koanlibros.com

ISBN: 978-84-120537-4-6 • Depósito legal: B-19.993-2019
Maquetación: Cuqui Puig • Diseño de cubiertas de colección:
Claudia Burbano de Lara • Ilustración de cubierta: Guille Manchado
Impresión y encuadernación: Liberdúplex
Impreso en España / *Printed in Spain*

A Maga,
por regalarme un jardín.

ÍNDICE

ESPERMATOZOIDES Y COFRES (a modo de introducción)

Leí una vez, hojeando un libro de autoayuda, una singular teoría de motivación personal. Proponía la idea de que tú, de manera innata, ya eres un ganador. Si existes es porque fuiste el primer espermatozoide que alcanzó el óvulo materno. A partir de ese hecho, aparentemente indubitable, el autor tiraba del hilo hasta niveles insospechados, recordando que el triunfo está inscrito en tu ADN y que basta conectar con él para lograr todo cuanto te propongas.

Tal vez rematase su arenga con algún que otro *go for it* o el omnipresente *follow your dreams*, pero eso ya no lo recuerdo. Solo recuerdo la teoría del «esperma triunfante» y la sensación que me produjo leerla. O, mejor dicho, la que no me produjo. No me hizo sentir un triunfador. Al contrario, activó en mí el profundo deseo de darles un abrazo a todos los otros espermatozoides. A los que no habían logrado alcanzar el útero. A los que se habían quedado por el camino.

Esto fue hace mucho tiempo, pero mi sensación sigue siendo la misma. Desconfío de manera instintiva de un currículum sin manchas o de una sonrisa sin grietas. Huyo de las polarizaciones entre ganadores y perdedores que ferozmente nos rodean. Y, por lo general, me siguen pareciendo infinitamente más enriquecedoras las grandes derrotas que los éxitos ensordecedores.

Ya lo habrás imaginado: no compré el libro que hablaba de espermatozoides. Entre otras razones porque su punto de partida, simple y llanamente, no es verdad. No soy —ni tú eres— el fruto de un único espermatozoide que ganó una carrera a vida o muerte contra sus compañeros. De hecho, nuevos estudios sugieren que los espermatozoides trabajan en equipo y que, para que uno solo de ellos logre fecundar el óvulo, es necesario el sacrificio de otros muchos, creando complejos flujos grupales que faciliten la ansiada fecundación final.

En otras palabras: desde el inicio somos el fruto de una infinidad de tropiezos en cadena. De montañas de generosos fracasos.

¿No es maravilloso?

Disculpa, no me he presentado. Me llamo Ignasi. Nací en Barcelona. Tengo cuarenta y tres años. Mis amigos suelen llamarme Iggi. Y desde el año 1975 he acumulado una serie importante de fracasos haciendo lo que más me gusta: intentar diseñar «cosas» que aporten algún valor al mundo o que solucionen algún tipo de problema.

Mi primer fracaso, si mal no recuerdo, tuvo lugar en los años ochenta, cuando pasé varios días ideando un sistema de transporte basado en vagones levitantes. Descubrí luego que aquello ya existía, que había sido fabricado en Japón y que se llamaba tren bala. En otra ocasión diseñé un ingenio para cazar gorriones en el campo. La versión 1.0 no logró su cometido. Hubo que iterar el invento innumerables veces hasta lograr, meses más tarde, cazar un único gorrión. Nunca más se reprodujo el evento.

He compuesto canciones y escrito novelas que nadie ha publicado. He montado un par de humildes empresas y lanzado varios productos al mercado. He ganado y, sobre todo, perdido dinero con ello. Me he angustiado y me he relajado y me he vuelto a angustiar y me he vuelto a relajar. Y este ciclo ha ido repitiéndose sucesivas veces.

También he sido empleado de grandes y pequeñas empresas. Me han ascendido, elogiado, despedido, pisado, ignorado y apreciado. Me he hecho *selfies* con *juniors* atrevidos y con presidentes de más de un millón de euros. He dado presentaciones en almacenes destartalados y en salas de reuniones con vistas a los Campos Elíseos. Me he paseado por las oficinas del paro de varios países europeos. Y todo cuanto tengo por riqueza ahora, mientras escribo estas líneas, después de años de aventuras, algunas subidas y muchas bajadas, puede guardarse en tres cajas. Mejor dicho: tres cofres, porque lo que contienen es un tesoro.

En el primer cofre guardo las cosas. El resultado de todos mis intentos. Los objetos, las historias, los proyectos, los artículos, las canciones. El legado, bueno o malo, genial o mediocre —pero mío— que ha quedado.

El segundo cofre contiene personas. La valiosísima red de seres humanos buenos y talentosos que se han ido cruzando en mi camino. Que me han ayudado. Que me sostienen y que seguramente volverán a ser parte de proyectos futuros.

Por último, en el tercer cofre habitan los errores. Los restos de cada naufragio. La concatenación casi inenarrable de todos los magníficos errores que intento no volver a repetir, para poder centrarme en nuevas formas de equivocarme.

Ya está. No tengo mucho más:

Cosas, personas y errores.

Este es el equipaje que llevo cuando me dirijo hacia nuevas aventuras.

Esta es la materia prima con la que me lanzo a elaborar una teoría optimista del fracaso.

Si esta teoría puede inspirarnos a todos para tropezar con más sonrisas y menos angustias, escribirla habrá valido la pena.

1

EL NACIMIENTO DE UNA TEORÍA

«Postulado de Kipling»

Toda teoría tiene sus axiomas, postulados, teoremas y principios. No te asustes, no es mi intención ponerme muy teórico. Pero sí me parece interesante, antes de entrar en materia, recordar algunos conceptos básicos, ni que sea para darle solidez al relato.

Tanto los axiomas como los postulados son considerados verdades esenciales, certezas absolutas que no requieren de demostración.

Luego están los teoremas, que sí necesitan de una comprobación.

Finalmente, nacen los principios, que cuando han sido demostrados adquieren carácter de ley.

Siento la necesidad de iniciar esta aventura con un postulado contundente. Con un rayo de luz indubitable. Con algo que impacte. Lo llamaré «Postulado de Kipling». Está inspirado en dos míticos versos del poema «If», de Rudyard Kipling. Me los recitó mi padre hace mucho tiempo —tendría yo once o doce años— y quedaron grabados en mi memoria.

«(...) Si puedes encontrarte con el triunfo y el fracaso, y tratar a esos dos impostores de igual manera (...)»

Creí haberlos comprendido muchas veces. Pero hoy puedo decir que me ha llevado más de treinta años hacerlo en profundidad, con sus extensas raíces y múltiples derivadas.

Así pues, con toda la solemnidad que el momento merece, mientras bebo un vaso de leche de arroz, en Barcelona, en una noche de marzo del año 2019, me dispongo a convertirlos en el primer e indiscutible postulado de esta recién estrenada teoría:

Postulado de Kipling

Los triunfos son mentira.
Los fracasos son mentira.
No existen.
Son una trampa.
Los triunfos y los fracasos son ficción.

Respiro con alivio: tenemos el primer postulado. El primer paso, el más difícil, ya está dado.

Solo queda el resto del viaje. Solo queda la segunda mitad.

2

DÍSELO CANTANDO. O NO

«Teorema del Dolor y de la Ilusión»

Año 2014. Barcelona. Son las dos y veinte de la madrugada de un día entre semana. Apuro las últimas caladas del cigarrillo mientras miro obsesivamente por la ventana. La calle Roger de Flor me devuelve una imagen casi parisina, con lluvia en los cristales, charcos en el suelo y un efecto espejo en las aceras que bien podría inspirar un cuadro impresionista. Muy bucólico, salvo por el hecho de que estoy al borde de una crisis de ansiedad.

Todo empezó con muchísima ilusión, con un sueño fantástico. Decidí crear un producto llamado *Timeless Box*, ideado para mandar regalos y emociones al futuro. Una idea que sedujo a cientos de clientes alrededor del mundo en una campaña de preventa que se hizo larga y áspera como subir el Everest sin bombonas de oxígeno.

La misma idea que, paradójicamente, más de un año después de invertir en ella ingentes cantidades de sudor y dinero, me ha traído hasta aquí: un fracaso cercano, las manos temblorosas y altísimas dosis de insomnio.

Leo y releo un comunicado que voy a mandar a más de doscientas personas distribuidas por todo el mundo.

En él les cuento —de hecho, les canto, porque he decidido mandarles mi mensaje en forma de canción— que no hay cajas, que se hundió el proyecto y que no van a recibir el producto que llevan meses esperando. Les explico que mi intención es seguir luchando, pero que no hay garantía alguna de que consiga llegar a buen puerto. Para concluir, pongo en sus manos el destino último de los pocos fondos económicos que me quedan, ofreciéndome a devolver el dinero a quienes así lo deseen.

Paseo nerviosamente por el piso.

Observo una vez más el botón de «Enviar».

Intento esbozar nuevamente un plan alternativo, una salida —¿heroica?— que me permita fabricar el producto a tiempo.

Vuelvo a recordar las respuestas negativas de fabricantes y proveedores. Los presupuestos imposibles. Las visitas a fábricas. Los «sí, sí, es viable fabricarla» que con el tiempo viraron a «no, no es viable, lo sentimos».

Nunca me había sentido tan impotente, tan incapaz. He dado lo mejor de mí mismo para salir adelante. Me he consumido buscando soluciones. Pero todas las tentativas han acabado despeñadas.

Dan las tres. Sigue lloviendo. Me siento de nuevo delante del ordenador. Dos botones me interrogan desde la pantalla, ajenos a mis tribulaciones:

«Enviar» o «Cancelar».

Pulsar el primer botón implica rendirme, confesar el fracaso y aguantar el previsible chaparrón de quejas. Además, las reacciones que pueda generar la canción son difíciles de prever. ¿Sentará bien la ironía? ¿Suavizará el mensaje? ¿O hundirá aún más mi ya comprometida credibilidad?

Pulsar el segundo botón implica seguir peleando, con los costes personales y económicos que conlleva. Costes que, a estas alturas, dudo seriamente que pueda asumir.

Elijo.

Pulso uno de los botones, apago el ordenador y me voy a dormir.

Desde mi cama escucho el canturrear de la lluvia acariciando los ventanales de la habitación. Recuerdo el estribillo de la canción que he compuesto.

«The Timeless Box has turned to be,
more timeless than we thought...
We're gonna keep fighting for it,
but nothing's guaranteed.
Now you can stay, or you can leave,
whatever will be fine.
This timeless thank-you song is for you.
Sincerely, Honest and Smile!»

Todo sigue siendo muy poético.

Quizá esta noche logre, al fin, dormir.

Teorema del Dolor y de la Ilusión

El Dolor de un fracaso
es proporcional
a la Ilusión invertida
en el proyecto que fracasa.

Podría establecer como prueba irrefutable de este teorema mi experiencia personal con la Timeless Box, aunque he podido validarlo en otras tantas ocasiones, muchas más de las que me hubiese gustado.

Es un hecho comprobado: cuando se nos hunde un proyecto, el dolor que experimentamos está íntimamente vinculado a la ilusión que habíamos invertido en él.

Si nos ponemos muy rigurosos, cabría la posibilidad de expresar el teorema con una ecuación matemática. Lo siento, soy físico. Me encantan las ecuaciones. Pero no te asustes, prometo mantenerlo todo muy sencillo.

Ilusión = Dolor

¿Qué te parece? ¿Te satisface mi propuesta?

A simple vista, parece correcta. Pero no lo es. La ecuación afirma que la cantidad de dolor equivale a la cantidad de ilusión. Sin embargo, el teorema dice que son proporcionales, no equivalentes.

Proporcionales. De esta sutil palabra nacerá algo luminoso.

Dos cosas son proporcionales cuando, al aumentar la primera, aumenta automáticamente la segunda. Por ejemplo, si una moto pasa por delante de tu casa, el ruido que emite su motor en la calle es proporcional al ruido que tú oyes dentro. Sin embargo, y afortunadamente, estos dos ruidos no son equivalentes. Si lo fueran, mañana mismo se hundirían todas las empresas que venden sistemas de doble cristal aislante.

Entre el ruido de la calle y el ruido que oímos dentro de casa hay un maravilloso invento llamado ventana, que filtra las vibraciones y nos protege no solo del frío y de la lluvia, sino también de los ruidos.

¿Y si, de manera similar, lográsemos colocar una «ventana emocional» entre el dolor y la ilusión, para amortiguar la tristeza que eventualmente nos produce el final frustrado de un proyecto?

La mala noticia es que es imposible ilusionarse con algo y no experimentar dolor si ese algo fracasa. La buena es que todos tenemos la capacidad de crear múltiples «ventanas emocionales» en nuestro interior, que nos pueden ayudar a filtrar y reducir el dolor.

¿Qué tipo de «ventanas emocionales» puedes elaborar? No puedo darte una respuesta personalizada. Dependerá de ti y de las causas profundas que te hacen sufrir ante eventuales tropiezos. No te enfades. Este es un libro de #NoAutoayuda. No tengo «café para todos» ni consejos genéricos.

Sí puedo compartir contigo algunas «ventanas emocionales» que a mí me han ayudado a filtrar el sufrimiento.

Por ejemplo: A menudo utilizo «el filtro del columpio». Cuando inicio un nuevo proyecto, procuro revisar honestamente qué se esconde detrás de las expectativas que me autoconstruyo, intentando gestionarlas con calma. Lo hago porque sé que mi ego, a veces, tiende a ilusionarse demasiado. O, mejor dicho, de maneras que no siempre son constructivas.

Este filtro funciona como si empujases un columpio. La fuerza que aplicas hará que este suba más rápido. Pero también aumentará considerablemente la velocidad de bajada —porque los columpios, si algo tienen, es que siempre regresan.

Déjame explicártelo con una confesión muy íntima. Me da hasta vergüenza contarlo. Pero ya que estamos solos, tú y yo, me animo a dar el paso. Desde que me propusieron escribir este libro he invertido altas dosis de ilusión en él. Alguna noche he dado rienda suelta a mis expectativas, llegando a imaginar que se vende por millares o incluso que me entrevistan en algún programa de televisión. Aquí me tienes, sentado en el sofá de mi casa, con apenas cincuenta páginas escritas y hablando con un imaginado Andreu Buenafuente sobre esta aún inacabada teoría. Parece gracioso. Lo es en parte. Pero podría ser muy dañino. Cuanta más fuerza aplique al «columpio de mis expectativas» en esta dirección, ilusionándome con escenarios que no dependen en absoluto de mí, más fuerte me golpeará el columpio el día en que termine el libro, lo publiquemos y corrobore que el bueno de Andreu ni se lo ha leído ni tiene el más mínimo interés en hablar de él en su programa.

Por supuesto, no dejaré de subirme a columpios ni de empujarlos con ganas. Tampoco desistiré de saborear ciertas ensoñaciones más o menos grandilocuentes. Forman parte de mí. Además, sé con certeza que soñar cosas inverosímiles puede ser una fantástica fuerza motor de superación personal. Pero procuro mantener a raya algunos sueños —o columpios.

Sigo escribiendo este libro con mis ilusiones intactas, y me recuerdo a diario que el gran éxito es, en este orden:

1) Escribirlo y gozar al hacerlo.
2) Aportar algo, a alguien, con mis reflexiones.
3) Tal vez, ganar el suficiente dinero para poder seguir escribiendo.

Lo demás son añadidos. Tribulaciones de egos inquietos que, con visualizaciones exitosas, intentan tapar inseguridades muy íntimas.

Otra opción especialmente bella es la que apunta Pedro Salinas, uno de mis poetas preferidos, conocido como «el filósofo del amor». En su maravilloso poema «La voz a ti debida» se refiere al dolor de una pérdida en estos términos:

> «(...) y mientras yo te sienta,
> tú me serás, dolor,
> la prueba de otra vida
> en que no me dolías.
> La gran prueba, a lo lejos,
> de que existió, que existe,
> de que me quiso, sí,
> de que aún la estoy queriendo.»

Su «ventana emocional» implica reconocer el dolor como una parte más del amor. Una extensión natural del acto inicial, porque el uno no tendría sentido sin el otro, y el otro es parte de aquel.

Y luego, bueno..., siempre nos queda «la» opción.

Cantar.

Como en el año 2014, ¿recuerdas? La lluvia que acariciaba los cristales de la calle Roger de Flor. El cruce de caminos. La gran incógnita: «Enviar» o «Cancelar».

Respiré profundamente. Mandé mi canción a más de doscientos inversores que, en vez de canciones, esperaban recibir la fecha de entrega del producto que les había prometido meses antes. Les canté, guitarra en mano, que de producto, nada de nada. Les pedí disculpas —en sol mayor— por el absoluto desastre en que se había convertido mi sueño. Puse mi fracaso en sus manos.

Viéndolo con perspectiva, supongo que aquello salió razonablemente bien. No porque lograse fabricar las cajas (dejemos ese detalle, de momento, en el aire: es un proyecto que ha dado muchas vueltas) sino porque mi sufrimiento se diluyó ostensiblemente.

Digamos que la mayoría de las personas a quienes les canté acabaron cantando conmigo.

Digamos que mandar esa canción fue mi mejor «ventana emocional».

Digamos que reescribo el teorema:

Teorema del Dolor, la Ilusión y la Canción

El Dolor de un fracaso
es proporcional
a la Ilusión invertida
en el proyecto que fracasa.

Pero puede diluirse
—sensiblemente—
cantando una Canción.

Eso es. Cantado, mucho mejor.

3

UN CONCIERTO SIN PÚBLICO

«Postulado del Sufrimiento en Diferido»

Madrid, años noventa. Cumplo quince años y me aficiono a tocar la guitarra. Empiezo a escribir canciones. Con ellas, me lanzo a desarrollar una sólida carrera como «cantautor ñoño-nostálgico-tristón», dando conciertos en locales y cafés del centro.

Dar un concierto es un acto de fe. Y lo era especialmente en el Madrid de esa época. Algunas semanas, Jorge Drexler o Pedro Guerra podían estar en el Libertad 8, Ismael Serrano llenar la Galileo Galilei, Javier Álvarez tocar en Clamores o Merche Corisco debutar en El Rincón del Arte Nuevo. En aquel contexto era imposible saber si los días en los que tocabas vendrían a escucharte decenas de amigos o prácticamente nadie.

El «prácticamente» no es gratuito. Dar un concierto y que, por lo que sea —un mal puente, Navidades, fútbol...—, solo vengan cinco o diez personas, «prácticamente» nadie, es un contratiempo. Sin embargo, dar un concierto y que, pasados los quince minutos de rigor, no haya nadie es algo humanamente intransitable. Al menos, así me parecía entonces, cuando imaginaba aquel terrible suceso con un pánico inmenso, aunque no hubiera ocurrido jamás.

Durante muchos años conté con un antídoto para hacer frente a ese miedo: mis padres y mi abuela. Eran mis más fieles seguidores y no se perdían un concierto.

Hasta que un mal día se confabularon los astros y se hizo posible lo imposible. Mis padres salieron de viaje, cayó un puente inesperado, televisaron un partido y, pasados veinte minutos de la hora de inicio, El Rincón del Arte Nuevo estaba completamente vacío. Juan (el propietario), Joaquín (que me ayudaba con el sonido), mi guitarra y yo. Nadie más.

Mi más estrepitoso y presufrido fracaso hecho realidad.

¿Qué haces cuando vas a dar un concierto y no viene nadie? ¿Con qué cara miras al propietario del bar, que te tiene —¿tenía?— en cartel para que atraigas clientes? ¿Con qué moral gestionas lo ingestionable?

Al principio, lo pasé fatal. Luego, me dio por reír. Llevaba tanto tiempo sufriendo ese eventual fracaso que, cuando llegó, buena parte del dolor ya lo había sufrido antes, «en diferido». Tomé la guitarra, pedí un Licor 43 con ginger ale —a los veinte años era capaz de ingerir brebajes como este— y empecé a tocar como si estuviese en el salón de mi casa, tranquilo, disfrutando de la música. Hora y media más tarde, acabada la última canción, media docena de desconocidos que habían ido llegando milagrosamente a lo largo de la noche aplaudieron con cariño.

Di muchos conciertos esos años. Algunos, apenas los recuerdo. Ese no lo olvidaré jamás.

Fue un buen concierto. Fue un precioso fracaso.

Postulado del Sufrimiento en Diferido

Temer un fracaso
antes de que haya sucedido
produce un «Sufrimiento en Diferido»
completamente innecesario,
prescindible
y gratuito.

Los seres humanos tenemos la capacidad —valiosa— de proyectarnos al futuro. Pero con ella, también la aptitud —nefasta— para visualizar todo cuanto podría ir mal, generando así altas dosis de sufrimiento anticipado.

Sufrí infinidad de veces aquel miedo a un concierto sin público. Visualicé la sala desierta, el rotundo fracaso. El día en que por fin ocurrió me bastaron un par de canciones para darme cuenta de que no era necesario sufrir tanto. Comprendí que todo sufrimiento generado por hipotéticos escenarios futuros —que, de ocurrir, solo lo harán una vez— es gratuito. Sobra.

¿Qué sentido tiene multiplicar un dolor que ni siquiera es seguro que suframos?

Además, en el ejercicio de anticipar un evento, tendemos a maximizar sus posibles efectos negativos. La prememoria les confiere un carácter casi épico. Los agiganta, moldeándolos a la medida de sus propios miedos, en lugar de mantenerlos a raya.

No me he librado por completo del «Sufrimiento en Diferido». Sigue apareciendo de vez en cuando. Pero ahora, al menos, lo detecto, le paro los pies y le invito a irse de paseo.

Haz las cuentas, no salen los números.

No vale la pena.

Todo miedo anticipado es gratuito.

4

CUATRO CONSEJOS FÁCILES —E INFALIBLES— PARA CAMBIAR DE VIDA Y SER FELIZ

«Principio de la #Monoayuda Tramposa»

Este es un libro de #NoAutoayuda.

Yo, personalmente, estoy hasta los huevos de los artículos, pseudolibros, *posts*, conferenciantes y/o vídeos en YouTube —con o sin gatos— que proclaman apoteósicamente que nunca es tarde para cambiar tu vida de un tirón, que tienes que *just go for it*, que es imperativo el *follow your dreams*, porque solo se vive una vez y si te despistas, igual vives la vida de otro y eso no puede ser porque la vida es una fiesta y tú tienes que ser la releche y pasar por encima de cualquier cosa y/o persona y/o trabajo y/o «lo-que-sea» que te lo impida, siguiendo apresuradamente lo que te diga tu requetesabio corazón.

Pausa para respirar.

Seguimos.

Estoy harto de esta «caca-moda» que corre por redes cibernéticas, animando a la gente a que escuche sus «verdaderos» deseos y cambie su vida en un «plis plas». No solo hartura tengo. También miedo. Cualquier iluso inspirado puede soñar una tontería y, persiguiéndola, echar por tierra incontables cosas buenas. Desde relaciones personales hasta carreras profesionales. Incluso pisos resultones en el centro con calefacción y todo. Poca broma.

La realidad, sospecho, es mucho más prosaica de lo que algunos «pogüerpoins» sugieren. Para que los sueños nos den buenos consejos es prerrequisito conocerse a uno mismo.

Por lo general, nuestros sueños tienden a ser dibujos esbozados por egos sobrealimentados, destinados a disfrazar carencias en lugar de activar virtudes. Si los taoístas, cuando dicen «¡Que se cumplan tus deseos!», lo consideran una maldición, por algo será, ¿no?

Desear cosas y obtenerlas puede ser una putada. Sobre todo si tu felicidad se sustenta en alcanzar cumbres en lugar de disfrutar del camino recorrido para llegar a ellas. Es algo parecido a la sensación de vacío que te produce entrar en una Apple Store y darte cuenta de que no puedes comprar nada porque ya tienes de todo. Afortunadamente, Apple tiene a bien cambiar sus dispositivos cada dos estornudos, justo cuando la ansiedad se haría insoportable (creo que lo tienen calculado). Pero mucho me temo que quien actualiza sus ambiciones personales al mismo ritmo que sus *gadgets* termina hecho un emoticono.

No defiendo el inmovilismo, en absoluto. Me incomodan las vidas estáticas como balsas de aceite, donde cada elección prioriza la seguridad frente al riesgo. Adoro la insatisfacción crónica del que nunca deja de cuestionarse, peleando con optimismo para mejorar cuanto sea mejorable. ¡Es fantástico ese enfoque existencial!

Simplemente creo que el gran viaje no se hace en avión, ni cambiando de trabajo, ciudad o pareja. El gran viaje es interior, completamente *low-cost*. Se hace sin moverse de casa. Consiste en recorrer pronombres personales. Primero te alejas del «yo», luego pasas por el «tú», eventualmente visitas el «ellos» y al final te aposentas en un «nosotros» grande y generoso. Allí te olvidas progresivamente de tonterías egocéntricas y te centras en lo que realmente importa: aportar.

Esa es mi única vocación: contribuir con lo mejor de mí mismo a cuantas relaciones, empresas o ciudades tenga la suerte de conocer, tratando de irme luego dejando las cosas un poco mejor de como las encontré.

Creo que a todos quienes apliquen esta máxima difícilmente la vida les devolverá amarguras. Más bien les regalará miel y sonrisas. Y, si les cae algún limón, lo cortarán en rodajas, prepararán unos gintonics y montarán una fiesta.

Principio de la #Monoayuda tramposa

Los libros de #Autoayuda
suelen ser acciones de #Monoayuda
que ayudan a acumular éxito y dinero
a quien los vende,
pero rara vez a quien los lee.

Corolario primero

Cuánto más sencillo sea un método
que garantice éxitos y felicidad,
más probabilidades hay
de que dicho método sea inútil.

Corolario segundo

La afirmación de que «perseguir tus sueños
te llevará hacia el éxito y la felicidad»
es una falacia.
Sueños, éxitos y felicidad
son entidades mucho más escurridizas y complejas
de lo que dicha falacia sugiere.

Tal vez te parezca paradójico que esté criticando felizmente los libros de #Autoayuda, cuando posiblemente hayas encontrado este libro en esa misma sección de la librería. En un ejercicio de transparencia, lo acepto: mis reflexiones también son de #Monoayuda. El primero en beneficiarse al escribir este libro soy yo mismo. Que pueda ayudarte a ti es algo pendiente de comprobación.

En tus manos está convertir esto en tu propio ejercicio de #Monoayuda. Porque la complejidad de la vida es tal que no hay #Autoayuda que valga, ni tallas universales que encajen en todos los cuerpos del mundo.

Las recetas mágicas son una utopía. Esto que lees solo te aportará algún tipo de valor si lo filtras con tus propias verdades y vivencias. Incluso así, no hay certezas de que resulte valioso para ti.

Quizá, superado este párrafo, tus deseos de seguir leyendo se han reducido al tamaño de una oliva. O tal vez no.

Sea como sea, yo seguiré escribiendo. Porque lo necesito. Porque necesito monoayudarme.

5

TODO ES MUY *SINSHILLO*

«El Axioma de Arkady»

Madrid, años noventa. Arkady Levanyuk, mi profesor de «Métodos Matemáticos para la Física III» —sí, ese era el nombre real de una de mis asignaturas en la carrera— me espera a las cuatro en su despacho de la Facultad de Ciencias.

Estamos a mediados de mayo y llevo tres meses trabajando en un único problema que nos propuso en el examen de febrero. En esa convocatoria, tras emplearme a fondo durante más de cinco horas, mi nota final fue un 1,5 sobre 10. Ojo al desastre. Al comunicármelo, el bueno de Arkady me miró a los ojos, sonrió y dijo:

—Son grandes noticias. ¡Usted tiene mucho margen de mejora!

Ese es Arkady.

Entro en el despacho. Saco una carpeta abarrotada de problemas, ecuaciones y algunas canciones desorientadas, escritas con toda probabilidad en las infumables clases de Mecánica Cuántica. He visitado semanalmente este lugar, repitiéndose invariablemente la misma escena:

1. Muestro a Arkady una nueva solución al problema.

2. Arkady revisa mis ecuaciones.

3. Arkady Frunce el ceño.

4. Arkady exclama una frase que incluye las palabras «*Dilito* matemático» (así pronuncia él la palabra *delito*).

5. Anoto el error y regreso a casa para seguir trabajando en el problema.

Pero hoy presiento que es el día. He revisado mi respuesta obsesivamente. Sé que no hay errores. No puede haberlos.

Arkady toma los seis folios que he escrito y se zambulle en el mar de ecuaciones —largas filas de letras, números y símbolos griegos que en pocos años seré incapaz de descifrar. Los mira atentamente. A veces, frunce el ceño y resopla. Cuando eso ocurre, tiemblo. Pero luego relaja el rostro. Sigue. Pasa la página. Avanza.

Un par de minutos después, por fin, llega al final. Toma un bolígrafo. Lo acerca al resultado que propongo. Me mira. Lo mira. Sus labios se ondulan.

—¡Bien! Usted ha resuelto el problema.

Experimento una felicidad indescriptible.

Felicidad que es abruptamente interrumpida por Arkady.

—Pero fíjese en esto...

Toma otra hoja de papel en blanco. Revisa el enunciado del problema. Establece una hipótesis. Escribe una serie de ecuaciones mucho más cortas y comprensibles que las mías. En apenas treinta segundos llega al mismo resultado que acabo de proponerle. Al mismo.

Me desespero. ¿Cómo es posible que haya necesitado tres meses de mi vida —y casi siete páginas de churro-ecuaciones infumables— para llegar a una solución que podía alcanzarse en tan solo treinta segundos y apenas media página de cálculos?

Arkady continúa sonriendo.

—¡Ajá! Esa es ley universal no escrita. También a mí me ocurre con frecuencia. Es muy complicado llegar a lo *sinshillo*.

El Axioma de Arkady

Por lo general,
las grandes soluciones
a los grandes problemas
suelen ser muy sencillas.

Pero es muy complejo
llegar a lo *sinshillo.*

Sinshillo. Así pronunciaba Arkady Levanyuk la palabra *sencillo*. En su honor, decido mantenerlo intacto en el enunciado de su merecidísimo axioma.

Han pasado muchos años desde la última vez en que nos vimos. A día de hoy, no recuerdo ninguno de los métodos matemáticos que con tanto sudor logré aprender entonces. Tampoco los he usado jamás en mi carrera profesional, que se alejó pronto de las ecuaciones para dirigirse hacia el mundo del diseño. De hecho, se cumplió la profecía que él mismo vaticinó en el primer día de clase:

—A mí me dan igual las ecuaciones. Ustedes habrán olvidado todo en unos años —nos soltó sin despeinarse.

—Pero entonces, ¿por qué estamos aquí, aprendiendo esto? —protestó un alumno.

—Porque aprendiendo estas ecuaciones, que van a olvidar luego, ustedes van a aprender a pensar. Y eso no se olvida nunca.

No sé si aprendí a pensar, pero sí sé que en muchas ocasiones sus palabras han resonado en mis vivencias, iluminándolas. Perdido en procesos de trabajo que parecían insufribles, dudando de mi capacidad para llegar a lo *sinshillo*, recordarlas me ayudó a mantenerme a flote.

—Tranquilo, Ignasi —me repito a mí mismo—. Tarde o temprano, saldrás de este lío y llegarás a lo *sinshillo*.

No solo eso: teletransportarme al despacho de Arkady me ayuda a no sentirme tan solo en mi búsqueda. Me recuerda que no soy el único que tiende a complicarse la vida buscando la respuesta. Que estamos juntos, todos, yendo regularmente a ese despacho, proponiendo una solución, verificando que no es correcta, regresando a casa para seguir buscando.

E incluso, al encontrarla, descubriendo que había otro camino más fácil.

Más *sinshillo*.

6

UNA CARPETA ROJA, UN INESPERADO REGALO

«El efecto HDC y otras observaciones empíricas»

Parte I – El primer día del resto de mi vida

Compré una vez una taza, durante un viaje a Londres, con una frase que me impactó escrita en ella: «Today I start the rest of my life».

Durante muchos años la guardé con cariño, hasta que una mala tarde desapareció entre las tinieblas de alguna mudanza. ¡Dichosas mudanzas! La taza se ha ido, pero la frase permanece y la recuerdo con frecuencia.

Precisamente, uno de los días en que empezó el resto de mi vida fue hoy: el día en que me despidieron por primera vez.

Parte II – Una carpeta roja

Barcelona, 30 de abril del 2009. Media mañana.

Estoy sentado en mi despacho. La mesa está limpia y ordenada. Mi ordenador, impoluto. Hace ya varias semanas que sospecho que mi último día en esta agencia puede llegar pronto. Aunque no tenga la total certeza de que eso vaya a ocurrir. Ni de que vaya a ser precisamente hoy el día en que suceda.

Garabateo planes de futuro en una libreta que he estrenado hace poco. En la primera página está escrito el nombre (provisional) de la que podría ser mi siguiente aventura: una agencia de diseño que me gustaría crear si finalmente me quedo sin trabajo. En la segunda página hay planes de futuro que me gustaría llevar a cabo si, después de todo, no se verifican los rumores y me libro de acabar en la cola del paro.

Desde la estantería me saludan un centenar de tarjetas de visita, ajenas a todo, con mi rimbombante cargo de cuatro letras escrito en ellas. Mi atención se pasea por diversos interrogantes: ¿cuántos meses podré seguir pagando el alquiler si me quedo sin trabajo? ¿Y si vendo el coche para aliviar la caída? ¿Dentro de un par de semanas me servirán de algo todas estas tarjetas?

Suena el teléfono. Una voz amiga me advierte de que ya han despedido a tres personas. Cunde el pánico por la agencia. La suerte está echada.

A las dos y media el baile ha terminado. Regreso a mi mesa. Me siento. Respiro. En mis manos descansa una carpeta roja que contiene todos los documentos que certifican mi despido. Y un finiquito que debería aliviar la pena de saberme prescindible y prescindido.

La incertidumbre se evapora. Ha ocurrido lo que sabía que podía suceder. Sin embargo, vivirlo en primera persona ha sido mucho más impactante de lo que podía imaginar.

Cancelo una comida, paso por casa, picoteo algo, descanso.

Vuelvo a la oficina. Dedico las últimas horas a recoger mis cosas y dar múltiples abrazos. Mando un *email* de despedida a todos aquellos con quienes he trabajado durante dos intensos años de vida. Envío un último mensaje a la persona más especial que he conocido en esta agencia, diciéndole que, solo por haberla conocido, ya mereció la pena la aventura. Salgo por la puerta, ahora sí, de manera definitiva.

Regreso a casa y me siento en el balcón. Hace un día precioso. La vida sigue en la calle, en las terrazas, más abajo. Abro mi libreta. Observo de nuevo la primera página y el nombre escrito en ella: «Honest&Smile».

Acaban de concederme el puente de mayo más largo de mi carrera. Acaban de aportarme la primera inversión de capital para la primera empresa de mi vida. Deberían ser buenas noticias y, sin embargo, me escuece el alma.

Me han echado. Me han despedido. No quieren que vuelva.

He fracasado.

Parte III – «Hemos decidido prescindir de ti»

La cuestión es que yo puedo darle muchas vueltas —de hecho, se las he dado— y positivizar al máximo lo vivido. Pero ese alfiler que se te clava en el estómago al recordarlo queda.

La cuestión es que uno puede sacar pecho, sonreír dignamente y convencer al resto del mundo de que encajó el golpe con optimismo. Pero el impacto emocional de asimilar que nada es seguro y que nada impide que esto vuelva a pasar pesa.

La cuestión es que hay dos tipos de personas en el mundo:

– Las que ya han sido despedidas de algún trabajo.
– Las que aún no lo han sido.

Y las del segundo grupo están íntimamente convencidas, aunque lo nieguen, aunque yo mismo lo negara, de que ellos, ellas, difícilmente formarán parte, algún día, del primero.

Lo cierto es que, hoy en día, un empleo no es garantía de nada, porque en cualquier momento puedes perderlo. Hagas lo que hagas y valgas lo que valgas. Lo verdaderamente extraño es no haber perdido jamás un empleo.

Y lo cierto es, también, que hace falta pasar por ello y sufrirlo en tus propias carnes para comprender plenamente todo esto.

Parte IV – Pinchar un flotador

Imagina la situación: despiden a un amigo, a un familiar, a un conocido. Viene abatido. Busca consuelo. ¿Qué haces? Le miras fijamente a los ojos y le dices que eso nos puede pasar a todos. Que él o ella valen mucho. Que, si le han despedido, es porque vivimos en un entorno profesional cada vez más precario y con frecuencia injusto. Y todo esto lo dices honestamente, convencido de ello.

Sin embargo, si aún no te han despedido, es probable que habite en tu interior una parte muy íntima y profunda de ti que inconscientemente, mientras dices estas cosas, se repita a sí misma que a ti difícilmente te pasará. Porque tú vales mucho. Porque tú haces muy bien tu trabajo. Porque antes de echarte a ti caerán otros que valen menos que tú.

Esa parte de ti vive tranquila en su fantasía, como si fuese una especie de «flotador emocional imaginario» que te protege. Hasta que llega el día en que te dicen que mañana no hace falta que vuelvas, porque han decidido prescindir de ti. Entonces miras a tu alrededor, ves a otros que seguirán allí mañana, vuelves a mirar a quien sea que te esté dando la noticia y el flotador revienta.

Mientras te hundes con él por fin comprendes la enorme diferencia que hay entre pensar algo y vivirlo.

Es un proceso doloroso, especialmente la primera vez. Pero también enormemente útil. Gracias a que te echen de un trabajo comprendes de verdad cuánto duele caer del lado de los «prescindibles». Gracias a que te echen de un trabajo asimilas que gran parte de los despidos poco o nada tienen que ver con la valía del despedido. Gracias a que te echen de un trabajo aprendes que las colas del paro están repletas de gente como tú (o como yo).

Parte V – Salir a flote. Empatía. Inicios

Pese a todo, sales a flote. Descubres que tu dolor te ha permitido desarrollar una preciosa herramienta: la empatía (ahora sí, verdadera) hacia todos los que han pasado y pasarán por este trance. La comprensión (ahora sí, profunda) de todo lo que implica que te entreguen esa maldita carpeta roja.

También tomas conciencia de que cuando alguien te despide te está ofreciendo un regalo.

El regalo de poder empezar, de nuevo, el resto de tu vida.

El «Efecto HDC (Hoja de Cálculo)»

Para la mayor parte de las empresas
podemos ser representados
por dos únicas variables, *X* e *Y*:
Siendo *X* los beneficios que generamos
Siendo *Y* el dinero que costamos.

Si en algún momento, retocando una hoja de cálculo,
alguien idea una forma de mantener *X* ahorrándose *Y*,
la fuerza del Efecto HDC (Hoja de Cálculo)
hará que seamos despedidos de inmediato
(y que ese alguien sea premiado
por su capacidad de optimización).

Corolario del «Bucle antiempático»

Paradójicamente, el mismo Efecto HDC
podrá ser usado más tarde
contra la persona que lo aplicó contigo,
o tú mismo podrás verte obligado
a aplicarlo en nuevas empresas,
generándose un «Bucle antiempático»
de nefastas consecuencias.

Detectar y, sobre todo, aceptar el Efecto HDC puede ayudarnos a relativizar un despido, suavizando la desagradable sensación de fracaso que aflora cuando alguien nos dice que mañana no hace falta que volvamos. Todo adquiere un nuevo sentido. No es necesario cuestionar nuestra valía, porque lo ocurrido es probablemente más sencillo: una hoja de cálculo nos jugó una mala pasada. El sistema nos dejó de lado. Punto.

Sin embargo, en paralelo, ¿no deberíamos diseñar nuevos entornos económicos y laborales en los cuales resulte mucho más difícil que miles de personas, a diario, nos tratemos los unos a los otros como cifras anónimas y prescindibles?

No somos una *X* ni una *Y* en una hoja de cálculo, ni peones insensibles encima de un tablero. Cada vez que alguien dice «está usted despedido», hay otro alguien que sufre una herida que le costará cicatrizar.

Sirva el Efecto HDC como consuelo y aviso ante estas desagradables situaciones: el fracaso no es ser despedido. Banalizar los despidos es el verdadero fracaso.

El Efecto del «Despido Exitoso»

En ocasiones, ser despedido de un trabajo
es el verdadero éxito,
y no al revés.

Este efecto tiende a observarse
cuando mantener un empleo
es incompatible con ser honesto, justo o ético.

Se lo dije una vez a una amiga que negociaba una dolorosa salida: intentar sobrevivir a cualquier precio en entornos profesionales cuya visión, estrategia o ética difiere en gran medida de la nuestra es uno de los mayores errores que podemos cometer.

Si ser íntegro y coherente pone en peligro tu puesto de trabajo, acabar siendo despedido probablemente sea todo un éxito. Además, el despido acelerará el proceso de encontrar un nuevo proyecto más afín a tu persona, tus valores y tu talento.

Efecto del «Barro y las Máscaras»

Cuando las cosas se embarran
y peligran puestos de trabajo,
sueldos o prestigios,
caen todas las máscaras
y aflora la esencia más oscura
—o la más luminosa—
de cada uno.

Los escenarios de despidos y crisis, con sus penas y sus barros, son un fantástico «microscopio de personas». Escasean recursos, peligran nóminas y sale a relucir lo mejor —o lo peor— de cada uno. En medio del lodo, queda todo al descubierto.

Dime:

¿Has tenido alguna vez la posibilidad de ser deshonesto a cambio de salvar tu empleo?

¿Han puesto alguna vez en tus manos el futuro de un colega (que no merece ser despedido) a cambio de conservar el tuyo?

¿Has tenido la ocasión de salvarte de la hoguera gracias a una mentira «casi» inocua, mínima?

¿Has podido maniobrar a espaldas de alguien para salvar tus muebles, a sabiendas de que los suyos iban a caer por el precipicio?

Son situaciones límite. Vivirlas en primera persona te enseña más de ti mismo que leer centenares de libros o proyectarte en hipotéticos escenarios.

Al final, todo es muy sencillo. Cuando llega el ruido de sables, hay gente valiente y hay gente cobarde. Hay colegas que te dan un abrazo delante del jefe el mismo día en que te ha despedido y colegas que dejan de hablarte semanas antes por miedo a un posible «contagio». Hay personas que te miran de frente y te dicen lo que piensan, bueno o malo, y personas que te rehúyen por los pasillos mientras urden planes a tus espaldas.

Todo eso ocurre.

Hay gente para todo.

En el barrizal descubres qué tipo de personas viajan a tu lado. Más importante aún: te ves reflejado a ti mismo en un espejo sincero, comprobando lo sólidos —o blandos— que son tus principios.

Porque, en realidad, nuestros principios no valen demasiado hasta que no hemos sido capaces de arriesgar por ellos un gran proyecto, un sueldo o un despacho con vistas.

Efecto del «Altavoz Positivo»

La *Sinceridad* con que aceptamos un fracaso y la potencia del *Altavoz* con el que lo comunicamos generan una *Energía de cambio* (EC) de inesperadas y positivas consecuencias.

EC = Sinceridad × Altavoz

No siempre es fácil beneficiarse del efecto del «Altavoz Positivo». Porque junto al fracaso crece la vergüenza de contarlo, así como la tentación de ocultarlo o tergiversarlo. Para que no se note (tanto). Para que no duela (demasiado).

Sin embargo, ocultarlo es un error mayúsculo. Cuanto más te esfuerzas en camuflar caídas, menos te beneficias de las consecuencias positivas que esas caídas pueden tener en tu vida. ¿Quién nos va a lanzar un cabo si nadie sabe que nos estamos ahogando?

Además, haciendo público un tropiezo, activas un proceso catártico casi mágico. Sueltas lastre. Aceptas la realidad de lo ocurrido. Se activan nuevos recursos que ni siquiera tú sabías que tenías. Y —sobre todo— te pones en disposición sincera de ser ayudado, de que puedan acontecerte cosas buenas.

Como estamos elaborando una teoría, añadiré una comprobación empírica de este efecto: después de aquel despido, una de las primeras y más fructíferas colaboraciones de mi nueva agencia nació gracias al hecho de contar pronto y al máximo número de gente posible lo que había sucedido.

Dudé mucho en hacerlo. Porque hacía poco que me habían ascendido e intuía ciertas expectativas creadas alrededor del nuevo proyecto. Decir alto y claro que aquello había terminado antes de tiempo era confesar que las cosas se habían torcido. Valoré lo mejor que supe todos los pros y los contras. Al final opté por ser bastante* sincero, anunciando mi «salida» en redes sociales y con un *email* que mandé a gran parte de mis contactos.

*El * es importante. Así que no espero al final del libro para desarrollarlo. Sí, fui bastante sincero, pero no del todo. No dije claramente que me habían echado. No fui capaz de desnudarme por completo. Me llevó unos cuantos años de digestión y perspectiva ser capaz de verbalizarlo sin camuflajes. Tan incómodo puede ser decirles a quienes te rodean que te has quedado sin trabajo.*

Aquel anuncio activó una sonriente reacción en cadena:

Un amigo, periodista del sector, lee mi *email*. Se lo reenvía a su jefe, que en ese momento está con el cierre mensual de la revista. Les sobra un recuadro vacío en la sección de «nombramientos y movimientos» (eufemismo para referirse a los despidos). Contra todo pronóstico, publican mi «salida» (con foto y todo) en su periódico. Un desconocido lee el periódico al día siguiente. Busca un perfil parecido al mío. Me llama. Nos entendemos bien. De ese encuentro inesperado florecen nuevos proyectos futuros.

Incluso, durante más de siete años, las oficinas de mi empresa estuvieron ubicadas en la buhardilla de las suyas. Y sin la ayuda de ese entonces desconocido, ahora buen amigo, difícilmente mi agencia habría podido llevar a cabo muchos de los proyectos que realizamos juntos.

Todo ello, fruto de tan solo un mensaje contando lo ocurrido.

Todo ello, fruto del efecto del «Altavoz Positivo».

Sí, hay que contarlo. Sin maquillaje. Sin sordinas. Cuando te despidan, hazte con un altavoz y grita alta y clara la noticia:

«Me han despedido.»

Que lo sepa todo el mundo.

7

BESOS QUE NO DIMOS. UNIVERSOS QUE PERDIMOS

«La sorprendente Ley del Calcetín»

Es misteriosa, la memoria: hay cosas que pasaron anteayer que soy incapaz de recordar y hay cosas que *no* pasaron hace veinte años que soy incapaz de olvidar.

La frustración de todo aquello que deseé, que tuve al alcance de mis manos, que llegué casi a oler, a saborear... pero que, al final, no logré alcanzar, es implacablemente pegajosa. Queda grabada de maneras poliédricas y profundas en la memoria.

Pueden pasar años sin que su recuerdo aparezca. Puedes sentir que aquello no pesa ya, que aligeras. Entonces, alguien abre una puerta. Aparece un olor, una mirada, una camisa, un sonido... Y, con toda la naturalidad del mundo, regresa la losa. El preciso instante en el cual algo que podría haber sido no fue:

Tengo catorce años. Ella, no más de quince. Llevo semanas soñando con sus ojos enormes, dedicando más de dos horas diarias a pasear mi perro para coincidir con ella —y el suyo—, buscando cualquier posibilidad de contacto. Aparece cuando estoy a punto de irme. Consigo esconder el temblor de voz cuando le digo que no llevo mucho rato ahí, esperando. Perdemos algunas tardes juntos. Mi timidez extrema lo embarra todo. Soy especialista en esconder lo que siento. Desafortunadamente, ella no se atreve a dar el paso. Tampoco yo lo hago. No intento besarla al despedirnos. No le propongo ir a comer un helado. Al fin, ella se marcha. Y un universo desaparece cuando estaba a un mero beso, a un pequeñísimo «sí» de distancia.

Tengo dieciocho años. Recuerdo mi corazón latiendo, una carta de la universidad y unas notas de corte. Es definitivo, no seré arquitecto. Cuatro centésimas me han dejado fuera. Cuatro centésimas arrasan un año entero de mi vida repitiendo la selectividad para subir nota. Tanto esfuerzo para nada. Cuatro centésimas. No seré arquitecto.

Tengo treinta y nueve años. Está cerrado el acuerdo. Solo falta que manden el contrato definitivo para que una hilera de reacciones en cadena —cambio de casa, de vida, de barrio— se ponga en movimiento. Asoma en mi futuro una nueva etapa laboral que se promete preciosa. He podido conocer ya a todo el equipo. Hemos tomado cafés y cervezas juntos. Hemos trazado un plan de acción que me apasiona. Irá bien. Será bonito. Hasta que, en vez de mandarme el contrato, me anuncian que se ha desmoronado todo. Que no irá ni bien ni mal, porque no será.

¿Cómo habría cambiado mi vida si hubiese dado aquel primer beso?

¿Qué habría sido de mí si hubiese estudiado arquitectura?

¿Qué otra vida tendría si no se hubiera malogrado aquel proyecto?

A la luz de todos los potenciales perdidos, ¿cómo de peor —o menos buena— es mi vida, hoy?

Esta sensación de pérdida es incomparable. Muchos artistas, poetas y filósofos han reflexionado sobre ella.

Pablo Neruda dejó escrito aquello de:

«Es tan corto el amor
y tan largo el olvido.»

También hay enfoques más luminosos. Jorge Drexler, fantástico artista uruguayo, nos canta que:

«Todo tiempo pasado es peor,
no hay tiempo perdido peor,
que el perdido en añorar.»

Miel existencial.

Por mi parte, no pretendo engañar a nadie: he perdido cantidades ingentes de energía añorando universos posibles que no fueron. Incluso ahora, mientras escribo estas líneas, viejas emociones escapan del desván. Me miran desde los ojos de todos aquellos otros «yos» que pudieron ser. Me recuerdan sus deseos, la ilusión, el golpe seco y la herida.

Es suficiente.

Me harté de tanta nostalgia.

Tomemos un poco de aire.

Démonos una página (una pausa) en blanco.

Nota: esta es una página para ti. Haz con ella lo que te plazca. Te espero en la página siguiente.

Son tan profundas algunas heridas que la única forma de librarse de ellas es zambulléndose dentro, nadando hasta lo más profundo de su rabia, tocando el fondo del estanque y, una vez allí, dándoles la vuelta. Como si fuesen un calcetín.

Esa ha sido, al menos, mi terapia. Mi giro inesperado de guión.

Como anunciaba en el «Axioma de Arkady», es complicado, pero al final llegamos a lo *sinshillo*.

Al final, llegamos a la «Ley del Calcetín».

La sorprendente Ley del Calcetín

Aceptar el enorme dolor
que produce ver evaporarse
un universo posible
es tan sencillo
como darle la vuelta a un calcetín.

Porque en el mismo instante
en que un universo de posibilidades no nace,
otro universo de posibilidades florece,
con incontables nuevos caminos en su interior.

El potencial de todo lo que pierdes,
al darle la vuelta,
se convierte en la realidad de todo lo que ganas.

Gracias a no haberla besado a «Ella» cuando paseábamos juntos a nuestros perros, se activó un potencial de otras «ellas» que aparecieron más tarde en mi camino.

Gracias a no ser arquitecto acabé siendo físico. Y todo lo positivo que trajo a mi vida ese inesperado desenlace se lo debo a las mismas cuatro centésimas que tanto dolor me produjeron.

Gracias a haberse desvanecido aquel proyecto que tanto anhelaba, se encarrilaron otros sin los cuales algunas cosas muy preciadas no habrían podido existir.

Cuando percibo la inercia de lo triste o la nostalgia incipiente, me siento, respiro y miro hacia mi interior.

Cuento hasta cinco:

Uno,

dos,

tres,

cuatro...

¡Hop!

Le doy la vuelta al calcetín.

Regreso al lado bueno.

8

EL MISTERIOSO VACÍO

«Ley del Hombre Colmena»

Es curioso el sentimiento de vacío.

Tengo diez años. Salgo de una clase de judo. Camino cinco minutos hacia mi casa, donde me espera una sabrosa merienda. Seguramente, un buen *pa amb tomàquet*, un vaso de leche y alguna galleta con chocolate. Tengo unos padres que me aman. Tengo comida en la despensa. Tengo escuela, disfraces, pelotas de fútbol, amigos y abuelos. Una chica que me gusta, profesores que me entienden, veranos en Reus y días de playa. Tengo, incluso, una colección creciente de TBO y de Astérix que me acompañan. Sin embargo, de vez en cuando, me siento triste. Me pregunto por el porqué de mi existencia. Experimento una sensación de vacío que no comprendo del todo.

Tengo cuarenta y tres años. Recuerdo ese día, ese niño. Recuerdo sus alegrías y sus penas. Sigo sintiendo, a veces, la misma sensación de vacío.

El misterioso vacío.

¿Por qué existe?

Hagamos un experimento. Coge un bolígrafo, pasa página y sigue el hilo. Intentaré que sea divertido.

Esta página no está vacía. Más bien, esta página está llena. Repito: Esta página no está vacía. Más bien, esta página está llena. Esta página no está vacía. Más bien, esta página está llena. Repito: Esta página no está vacía. Más bien, esta página está llena. Repito: Esta página no está vacía. Más bien, esta página está llena. Repito: Esta página no está vacía. Más bien, esta página está llena. Repito: Esta página no está vacía. Más bien, esta página está llena. Repito: Esta página no está vacía. Más bien, esta página está llena. Repito: Esta página no está vacía. Más bien, esta página está llena. Repito: Esta página no está vacía. Más bien, esta página está llena. Repito: Esta página no está vacía. Más bien, esta página está llena. Repito: Esta página no está vacía. Más bien, esta página está llena. Repito: Esta página no está vacía. Más bien, esta página está llena. Repito: Esta página no está vacía. Más bien, esta página está llena. Repito: Esta página no está vacía. Más bien, esta página está llena. Repito: Esta página no está vacía. Más bien, esta página está llena. Repito: Esta página no está vacía. Más bien, esta página está llena. Repito: Esta página no está vacía. Más bien, esta página está llena. Repito: Esta página no está vacía. Más bien, esta página está llena. Repito: Esta página no está vacía. Más bien, esta página está llena. Repito: Esta página no está vacía. Más bien, esta página está llena. Esta página no está vacía. Más bien, esta página está llena. Repito: Esta página no está vacía. Más bien, esta página está llena.

Esta página,
en cambio,
está
prácticamente
vacía.

Continuemos el experimento. Con tu bolígrafo en mano, trata de escribir tu nombre tanto en la página que está llena como en la que está prácticamente vacía.

¿Qué sucede?

Te está resultando más fácil escribir entre los espacios vacíos, ¿no es cierto? Lo que antes era una página perdida, una incómoda anomalía en un libro que debería estar lleno, ahora se ha convertido en un recurso. Puedes hacer con ella lo que te plazca. Tus ideas, tus dibujos, tus «lo que sea», pueden brotar entre los espacios que he dejado.

Del vacío nacen cosas.

Esa es, más o menos, la ley del hombre colmena. Esta es la mejor forma que he encontrado de dar respuesta a la sensación de vacío que, haga lo que haga, crezca lo que crezca, sigue apareciendo tenazmente.

Está inspirada en las abejas. En sus enjambres. Y en una canción de Leonard Cohen que, con gracia indescriptible, la resume en un verso. Solo uno. ¡Qué delicia!

Primero, apuntaré la ley.

Luego, el verso.

Ley del Hombre Colmena

La sensación de vacío
que casi todo ser humano experimenta
mientras está vivo
no es una incomodidad
que deba —o pueda— ser eliminada.

Es, más bien, una especie de ventana
a través de la cual la vida entra en nosotros,
alimentándonos de razones
para desear seguir estando vivos,
disfrutando de lo que eso implica,
incluida la sensación de vacío.

Las colmenas no son entes sólidos, sin agujeros o completamente llenos. Están repletas de huecos, de caminos. Gracias a ellos, las abejas pueden entrar, moverse, transitar, salir, estar vivas.

Qué bonita imagen me viene a la mente, ahora: nosotros también somos colmenas. Somos materia —que no es otra cosa que vacío— y vacío —que no es otra cosa que el potencial de nueva materia—. Sin el vacío, sin las ventanas, no podría pasar a través nuestro la existencia.

¿Y si vivir fuese tan simple como gestionar el vacío, dejando que la vida entre, guardando en nuestra colmena solo lo justo para poder seguir viviendo?

¿Y si todos estuviéramos un poco huecos y eso fuera algo bueno y no un lastre del que desprendernos?

O, como decía el señor Cohen:

«There's a crack in everything.
That's how the light gets in.»

Todo está roto. O vacío.
Así es como entra la luz en nosotros.

9

UNA TAZA CON LA PALABRA *AMOUR* ESCRITA EN ELLA

«Principio del Amor y la Escalera»

Corre el año 2019. Escribo estas palabras en Barcelona, sentado en la azotea de un edificio del barrio de Gràcia. Bajo mis pies hay algunos pisos donde he vivido algunos de los momentos más tristes y más bellos de mi vida. Pero hoy no me pesan.

Hay épocas en las que nos sentimos ligeros como hojas de papel al viento. El presente nos llena de esperanza y paz. El futuro es una cometa que sentimos cerca, en lo alto, esperándonos detrás del edificio de enfrente. También hay momentos en los que el pasado llama a la puerta, abrimos y vemos en el suelo grandes maletas. Bultos inservibles. Baúles llenos de otros baúles llenos de incontables trastos cuyo peso nos frena. A veces pienso que el amor —y todo lo que el amor conlleva— se parece a esos baúles. Como un misterioso juego de cajas chinas, de historias contenidas las unas dentro de las otras. Pero con la peculiar característica de que nunca sabes si la historia presente es la definitiva o si contiene en su interior una nueva historia que solo será revelada al romperse la que estás viviendo.

A veces pareciera que hace falta romper algunas cosas para hacer crecer otras.

Ahora mismo, por ejemplo, tomo café en una taza que compré en un mercado parisino. Tiene la palabra *amour* escrita en ella. La historia de amor que me empujó a comprarla y traerla a Barcelona se rompió en mil pedazos hace más de dos años. La taza, sin embargo, sobrevive. Aunque no sin una cicatriz profunda. Pocos meses después de llegar aquí, un día entre semana, a mi anterior pareja se le escapó de entre las manos. Golpeó contra el suelo y quedó resquebrajada —pero no inservible— para siempre.

Es casi poético observar como quedó la taza. La grieta se acercó peligrosamente a la palabra *amour*. El rostro de la taza quedó marcado de por vida. Sin embargo, no llegó a partirse. De manera que hoy vivo en otro piso y amo a otra persona, pero sigo tomando cafés con ella.

De todas las heridas que he experimentado en mi vida, salvo algunas muertes muy lloradas, no puedo imaginar cicatrices más hondas que las que acompañan a las rupturas amorosas. La sensación de fracaso, de ilusiones devastadas, es insuperable. En parte lo es porque una de las condiciones intrínsecas del amor es la fe en que ese amor, esa historia, es «la definitiva». La que nos acompañará durante los años que nos queden de vida.

Digerir un fracaso amoroso no solo es convivir con la pérdida de todo aquello que tuviste, sino aceptar también la pérdida de todo aquello que proyectaste. Es admitir que te equivocaste al valorar tu caja china. No era la última. Se rompió. Y dentro, si tienes suerte, te espera otra caja nueva.

¿Cómo demonios gestionar este fracaso?

¿Qué ejercicio de funambulismo deberemos practicar para que, en el marco de una teoría optimista del fracaso, algo tan jodido tenga un tinte luminoso?

Le he dado muchas vueltas al asunto. Tengo algunas pistas. De entrada, me apoyaré en los clásicos. Decía el grandísimo poeta Luis García Montero:

> «Nada sabe de amor quien no ha perdido
> por amor una casa, una hija tal vez
> y más de medio sueldo,
> empeñado en el arte de ser feliz y justo,
> al otro lado de tu voz,
> al sur de las fronteras telefónicas.»

El verso «empeñado en el arte de ser feliz y justo» siempre me ha llegado hasta el tuétano. Rudyard Kipling nació en la Inglaterra victoriana. Luis García Montero en la Granada del siglo veinte. Pero tanto los versos del «Postulado de Kipling» como este poema hablan el mismo idioma. Ambos esquivan triunfos y fracasos para iluminar una senda más inspiradora, la del arte de ser felices y justos.

Ese mismo arte nos regalará grandes noches de pasión. Alegrías indescriptibles. También nos condenará a sufrir dolorosas rupturas. A resquebrajar cajas y abrazar lo que sea que estas contengan. Cada caja rota dejará una marca imborrable. Al menos, yo no he sido nunca capaz de borrarlas. Dejé de intentarlo. Van conmigo.

Recuerdo con la misma honda tristeza una ruptura en Ginebra en el año 2003 y una despedida en el

Eixample en el 2017. Ese domingo lluvioso en que la vi marcharse por la Rue du Pont Neuf tras haber llorado juntos en mi salón está grabado a fuego en mi memoria. Como lo está la última noche que pasé en la calle París, horas antes de levantarme, salir de una cama a la que ya no volvería, y despedirme de un piso que con infinita ilusión había alquilado un año antes. Son sucesos indelebles, sospecho. Sin embargo, frente al dolor inicial que los acompaña, el tiempo nos regala algo inesperado: la perspectiva. Es una parte crucial del juego. Y en ella reside la trampa y la salvación posible.

¿Qué tipo de fracaso puede ser aquello que pasó en Ginebra, si detrás de esa ruptura esperaba otro amor profundo que me hizo crecer como persona? ¿Por qué ensombrecer las historias que pasaron si, gracias a que pasaron, he llegado finalmente a la que hoy tanto me llena?

Puede ocurrir, a veces, que sigamos colgados del pasado, mirando maletas con desespero. Si ese es el caso, se impone un tratamiento de choque agudo, porque nadie puede avanzar hacia el futuro si carga dolores antiguos.

Hay una alternativa, mucho más luminosa: imaginar cada paso —cada ruptura— como el precioso peldaño de una gran escalera cuya altura final es un profundo misterio.

Personalmente, me imagino siempre algo parecido a la escalera que aparece en *El show de Truman*, hacia el final de la película. Cada paso que da el protagonista le acerca progresivamente a la auténtica realidad de su vida. Cada paso que nosotros damos en nuestra escalera de rupturas nos acerca hacia un amor más completo, más maduro.

Es esta una imagen que me llena y me ayuda. Además, contiene una lectura que aporta mucha levedad a esto tan denso que estoy contando: cada peldaño vivido contiene todos los demás peldaños, porque se sostiene en ellos para existir . Cada peldaño transitado nos ha hecho mejores y más capaces de amar. El dolor de ayer es parte de la luz de hoy. Y viceversa.

Es lo que llamaremos el Principio del Amor y la Escalera.

Principio del Amor y la Escalera

Toda ruptura amorosa
y la tristeza que esta conlleva
puede ser considerada
como el peldaño de una escalera.

Una escalera en la que cada peldaño
representa nuevos y mejores amores,
que se sustentan en anteriores peldaños
y que son mejores gracias a lo sufrido
—y aprendido— mientras subíamos la escalera.

Este principio es mi particular arma secreta —hasta ahora— para gestionar corazones rotos y todo tipo de destrozos amorosos más o menos intensos. Gracias a él he logrado conservar tazas semiresquebrajadas donde alguien escribió la palabra *amour* sin que ello me desanime, más bien lo contrario.

Apunte importante: a veces puede darnos la sensación de que los patrones se repiten, de que estamos atrapados en un laberinto de trampas y errores que reaparecen en cada nueva historia.

Es por eso por lo que el postulado hace hincapié en «lo aprendido». Solo saldremos de la encrucijada si logramos que cada ruptura constituya un valioso aprendizaje.

Suelen decirnos que el tiempo lo cura todo. Pero el paso del tiempo, por sí solo, no cura. Nuestras fobias tienden a asentarse; nuestras carencias, a volverse crónicas. Es imperativo hacer un esfuerzo para extraer petróleo de la basura, para reconvertir nuestros desechos en el fertilizante de nuevas cosechas. El dolor es el abono de futuras primaveras.

Solo así transformaremos el verbo *amar* en la acción de subir una escalera, mientras bebemos café en tazas con cicatrices que las hacen más bellas.

Subir peldaño a peldaño, hasta llegar a la cumbre, que nunca sabremos si hemos alcanzado pero, como el corolario final apunta, es recomendable asumir que sí, que ya estamos en ella.

Dicen que el amor es eterno mientras dura. No es un juego de palabras. La percepción de eternidad, de estar al final de la escalera es crucial para apostar a fondo por la aventura que estamos viviendo.

Amar es subir una escalera de extensión indefinida con la preciosa certeza de que cada peldaño se sustenta en todo lo amado y es, potencialmente, el último.

10

EL *LIKE* MÁS TRISTE DEL MUNDO

«Axioma del #LenguadoPodrido»

Jueves. Finales de mayo. Es una de esas tardes cargadas de cansancio y vacío. Pintan bastos. Todo está en espera, como una pizza al horno que nunca se termina de hacer. Si no nos dan el concurso, pocas opciones habrá de generar nuevo negocio antes de la vuelta al cole.

Se cayó un proyecto ilusionante. No vendimos esa idea que tanto nos gustaba. Un cliente ha recortado el *fee* para la campaña de verano. Llevo ya una hora haciendo juegos malabares en el Excel, intentando esquivar los números rojos, regateando facturas (esas sí que son indubitablemente ciertas, como la constancia de la velocidad de la luz, tal vez más).

De vuelta a casa paso por el mercado. Me peleo con el pescadero porque quiere venderme un trozo de lenguado a un precio exorbitante. Después de la cena me derrumbo en el sofá. Ansioso, saco el móvil y me pierdo en Instagram y Facebook tratando de olvidar los pesares de un emprendedor cabreado, mientras no dejo de preguntarme por qué demonios decidí serlo.

Entonces, ocurre lo inevitable. Cae sobre mí una avalancha de *posts* mostrando (todos, todos) amigos requetefelices, viajes a sabe dios qué rincones del mundo, colegas celebrando nuevos proyectos, antiguos compis de cole comentando lo bien que les sienta hacer deporte, casas bonitas, hijos reguapos, nuevos empleos, cocinas impolutas, restaurantes de moda, paseos en barca.

Resumiendo: un empalagoso espectáculo de felicidad, completamente incompatible con mi estado de ánimo.

La crisis es inevitable. Viendo semejante acumulación de éxitos y sonrisas, aderezados por filtros impecables, sin un mal pedo, no puedo evitar preguntarme qué he hecho con mi vida. ¿Todo el universo conocido está ahí fuera, yendo al gimnasio, comiendo sano y procreando, mientras yo estoy aquí, cansado, frustrado, regateando un mísero trozo de lenguado?

Caigo en un profundo desánimo. Apenas logro salir de él dando algún que otro *like* triste y falso. O felicitando a un tipo —con quien hace siglos que no hablo— por haber cumplido no sé cuántos años rodeado de gente guapa que no conozco en alguna discoteca del centro.

Es así de triste y así de cierto. Las redes sociales se han convertido en una especie de papilla digital infumable, con efectos secundarios cada vez más perversos para todos aquellos que por ellas andamos.

Basta un poco de análisis y reflexión para comprender el truco, para darnos cuenta de que el traje del emperador es un embuste. En realidad, todos vamos más bien desnudos. Porque lo que vemos en Instagram no es la vida, sino una vida filtrada y elegida. Una línea editorial. Un timo planetario.

En días como hoy, en que te sientes como un rollito de primavera recién frito, listo para ser devorado, no publicas en Facebook que has perdido un concurso, que un cliente pagará menos o que tu vida te parece un sinsentido. En el mejor de los casos, callas y esperas. Sueltas unos cuántos *likes* compulsivos. Escurres el bulto.

En el peor de los casos, tomas una foto del lenguado y publicas algo estilo «En el mercado, ideando una buena cena». *Hashtag* #sano, #lenguado, #healthy, #fresh, #barcelona. *Hashtag* #vamos, #relax, #markets, #ILoveMyCity. Incluso, si te creces, *hashtag* #ILoveMyLife, #mediterraneo y #amigos.

No es que engañes conscientemente a tus contactos. El mecanismo es mucho más sutil. El primer engañado eres tú mismo. No publicas lo que tu vida es, lo que realmente te está ocurriendo. Publicas, más bien, lo que te gustaría que tu vida fuera, lo que te gustaría ser. La imagen —más o menos hinchada— que desearías dar de ti mismo.

Nuestros *posts* de Facebook —o de cualquier otra red social— son el reflejo no de lo que somos, sino de lo que nos gustaría que los demás pensaran que somos. Son tan ciertos como las listas que hacemos a primeros de año, proyectando un yo mejor, un yo distinto. Pura ideación.

El problema reside en que asumimos por defecto que lo que publican los demás es cierto. Que su #Lenguado-Podrido está estupendo. Pasados unos minutos merodeando por el patio, olvidamos que detrás de la foto de esa playa idílica suele haber una realidad mucho menos seductora.

Así, entre todos, acabamos construyendo un diabólico juego de expectativas que se retroalimentan entre sí, cada vez más grandes, cada vez más perfectas. Terminamos frustrándonos mutuamente, cada uno en su sofá, cada vez más solos, cada vez más convencidos de que nuestros males son realidades que sufrimos con exclusividad, mientras los demás siguen *posteando* desde Tailandia. A ellos les sonríen los dioses. Nosotros nos contentamos con dar *likes* a sus gracias.

En el hecho de darles *likes* hay mucha enjundia. Intuyo que lo hacemos para acercarnos a su felicidad. No sea que nos quedemos fuera del grupo. No sea que no nos inviten a la siguiente fiesta.

Mientras tanto, cada vez estamos más ansiosos. Porque lo que nos preocupa no forma parte del juego. Porque el dolor no es demasiado *likeable*.

Axioma del #LenguadoPodrido

Las mal llamadas redes sociales rara vez muestran la verdadera realidad de nuestras vidas. Más bien sirven como plataformas para publicar —previo filtro y edición casi inconsciente— lo que nos gustaría que nuestras vidas fueran. Lo cual las convierte, luego, en herramientas de malestar y soledad masiva.

Corolario: en días de lluvia intensa, mejor mantenerse alejado de *hashtags* y *trending topics*. Nada bueno saldrá de ellos. Apenas un *like* triste y solitario.

Hay que romper el círculo vicioso. Hay que decirlo alto y claro: las redes sociales son herramientas de autopublicidad personal, adulterada y tendenciosa. Funcionan como altavoces de nuestros egos asustados. Son inmensos castillos de arena.

Si soplamos fuerte, tal vez logremos que se derrumben.

Que se evaporen los *hashtags* de #lenguados —podridos.

Que detrás de la playa desierta, junto a la hamaca naranja, aparezca un mosquito, el tufo de una cloaca, un dolor de muelas. Por allí brotará, si sigues soplando, nuestra humanidad más profunda. Un atisbo de realidad, ahora sí, auténtica. Un mal día o un poco de fracaso sincero que, por fin, nos una.

¿Quieres ayudarme a contrarrestar los efectos nocivos del axioma del #LenguadoPodrido? ¡Comparte alguno de los #PostsSinceros!

He tenido un mal día y la vida me parece un poco mierda. Pero saldré adelante. Y tú también, seguro.

#FracasosOptimistas

#LenguadoPodrido

#PostsSinceros

Tranquilo, relaja. No tienes que convencerme de que tu vida es estupenda. Quita el filtro y dime honestamente ¿cómo andas?

#FracasosOptimistas

#LenguadoPodrido

#PostsSinceros

11

HISTORIAS DE LA RUE CHAPON

«Ley Universal de la Relatividad del Fracaso»

Parte I – Llegada a la rue Chapon

Esta es, de entrada, la historia de una película. Con el tiempo se convertirá en la historia de un tropiezo. Y de otro. Y, finalmente, de un producto.

Pero todo esto, ahora mismo, aún no lo sé.

Lo único que sé es que tengo un mes por delante. Que he salido de Barcelona con una maleta, una bici plegable y un ordenador portátil. Que me siento ligero como un pájaro y que el apartamento que he alquilado en la rue Chapon, en París, huele a madera antigua y a café recién hecho. Un buen presagio. Lo demás, ya se verá.

Está bien entrado el verano del 2011. He padecido junio ahogado en trabajo en Barcelona. Pasaré julio en una ciudad que siempre me ha inspirado el deseo de vivir en ella, aunque nunca la haya conocido en profundidad.

Tengo una idea, algo alocada, pero idea al fin y al cabo. Ahora puedo confesarte que no era más que una excusa para estar aquí. Para iniciar el viaje. Porque, como suele pasar muchas veces, esta es también una historia de amor. Mejor dicho, una historia sobre el amor.

Llevo varios años en una relación estable. Han surgido dificultades y dudas. No dejo de preguntarme qué demonios es el amor, después del amor. No hablo de rupturas. Hablo del día a día, de la cotidianidad que aflora cuando las primeras pasiones se suavizan y los años las convierten en otras cosas.

Me pregunto qué color tiene ese amor. El que queda. Cómo se gestiona la realidad diaria cuando lo idealizado se evapora. ¿Cómo lo hacen los demás? Los que aman durante muchos años. ¿Cómo enfrentan estas dificultades los innumerables desconocidos con quienes me cruzo día a día por la calle, en los bares, en las redes sociales?

Alrededor de estas preguntas nace un deseo, que se convierte en la idea inicial de este proyecto: voy a sentarme con personas a las que encuentre aquí. Nos tomaremos un café. Hablaremos sobre el amor y grabaré las conversaciones.

Con estas charlas informales, haré un documental sobre el «postamor», en la ciudad del amor, que me ayudará a dar respuesta a las preguntas que me ahogan.

¡Ah! Lo filmaré todo con mi teléfono móvil. Un iPhone 4 que, en el 2011, era tecnología punta.

¡Re-Ah! Mandaré el documental a Sundance. Robert Redford se enamorará de mi propuesta.

¿Qué puede salir mal?

En cuanto llegué a la rue Chapon, me enamoré. No de una mujer parisina, sino de la experiencia de vivir allí. Del sosiego que entraba por las ventanas del piso que daban a un patio interior donde florecían susurros de conversaciones vecinales, ruidos de cocinas y los sonidos de algún instrumento musical ensayando partituras desconocidas.

Me enamoré de salir a la calle, andar cinco minutos y tropezarme con el mastodóntico Pompidou, abrazado por casas antiguas. Del París que no sale en las guías turísticas, esa rara amalgama multicultural, sucia, vehemente, intensa y bipolar como pocas otras ciudades que he conocido. Y de las terrazas abiertas, llueva o no llueva, haga frío o calor.

Este enamoramiento frenó un poco mi plan. Perdí algún tiempo embelesado, tachando barrios, tomando fotos y vídeos. Eso sí: con una libreta Moleskine bajo el brazo donde anotaba cuanto se me iba ocurriendo acerca del que iba a ser mi gran documental parisino.

Lo sé. Todo yo, ese verano, era un cliché gigante: hombre de treinta y tantos, dubitativo sobre cómo avanzar en su relación de pareja, huye a París un mes para grabar un documental sobre el amor. Se alquila un pisito cuco. Se pasea por todas partes. Se siente vivo.

Un cuadro, vamos.

Pero incluso de lo más previsible puede, a veces, surgir lo imprevisto. Y la primera sorpresa del verano llegó en forma de problema: ¿cómo grabas una conversación entre dos personas, cuando solo tienes una cámara?

La respuesta a este dilema acabó siendo el punto de partida de una serie de eventos muy sonrientes. Y de otros que no tanto. Pero vayamos por partes, que pierdo el hilo.

Parte III – Un amigo que hace cosas. Con madera

Antonio, uno de mis mejores amigos de la infancia, vive en París. Trabaja a seis minutos cronometrados de mi piso. Sus oficinas, un pequeño estudio a pie de calle, en la rue Vertbois, están siempre abiertas de par en par. En ellas conviven modelos varios de mesas e inventos que lleva años concibiendo. Planos de antiguos prototipos. Piezas que no funcionaron. Cafeteras. Entrar en su estudio es abrazar el aroma a roble encerado, así como la convicción de que, con paciencia y tesón, todo es posible.

Por si fuera poco, en el local de al lado una familia de luthiers fabrica violines. De vez en cuando, les oímos probar sus productos. Vivaldi o Mozart se escapan por debajo de la puerta y llegan a nosotros.

Nada de lo que pasó ese verano hubiera sido posible sin esa calle, sin ese estudio, sin ese amigo, sin esos violines. Sin la mesita plegable que sacábamos a la acerca cuando hacía sol.

Fue en esa acera donde esbocé en mi libreta una posible solución al entuerto: la necesidad de grabar a dos personas, hablando, con un solo iPhone.

Las nuevas tecnologías pueden ser maravillosas. Pero a veces nos despistan de otras —también maravillosas— tecnologías, que llevan siglos con nosotros y que siguen siendo poderosas.

Dándole vueltas, caí en la cuenta de que existe un invento ampliamente utilizado que duplica imágenes en alta resolución de manera instantánea sin usar energía eléctrica y a muy bajo coste.

Se llama espejo.

¿Y si coloco uno pequeño a una cierta distancia de la cámara de mi iPhone en un determinado ángulo de manera que pueda grabar en una única toma a la persona que está sentada frente a mí y a mí mismo, detrás, mientras lanzo preguntas?

La madera, la colaboración de Antonio y la ayuda improvisada del chico que trabajaba en una tienda de bricolaje hicieron el resto. En pocos días tenía el primer prototipo de una especie de caja de madera, con un par de raíles pegados, un espejito y un soporte para el teléfono móvil, perfectamente capaz de hacer realidad mi idea.

El mecanismo era rudimentario. Pero los efectos visuales que aportaba, magníficos. Tras varios días de prueba y error encontré el ángulo perfecto para grabar conversaciones, así como el tamaño idóneo del espejo.

Todo estaba listo. Solo hacía falta darle un nombre a «la caja», comprar una grabadora y salir a entrevistar a aquellos que quisieran hablar del amor, en París, conmigo.

No fue difícil adquirir una grabadora. Tampoco costó encontrar a un amigo que se ofreciera voluntario para la primera entrevista. El nombre, en cambio, se me escurrió un poco. Me compliqué la vida dándole vueltas innecesarias. Es lo que suele pasar, ya conoces el «Axioma de Arkady»: lleva tiempo llegar a lo *sinshillo*. Tras varias idas y venidas, apareció la solución más sencilla.

Mi invento era una caja de roble macizo. Iba a usarla para grabar conversaciones de amor.

Decidí llamarla The Love Box.

Problema resuelto.

Voilà!

Parte IV – Charlas, cafés y tres centímetros de espesor

Estoy sudando la gota gorda, pedaleando con fuerza mientras trepo una empinadísima cuesta camino de un café en lo más alto de Montmartre. El sol de mediados de julio no perdona. Dentro de la mochila negra que cuelga de mi espalda, la *lovebox*. Así llamamos todos desde hace varias semanas al invento. Por cada gota de sudor que cae por mi frente, me viene a la cabeza el momento en que Antonio insistió en que la caja debía tener, al menos, tres centímetros de espesor. Para darle más cuerpo y solemnidad.

Solemne ha quedado. Pero pesa como un muerto.

He grabado varias conversaciones. La aventura está siendo maravillosa. Empecé con el amigo de un amigo en el Hotel Amour (¿dónde, si no?). Revisando las primeras charlas, en un bar del centro, una camarera de ojos inmensos preguntó qué era esa caja. Terminó animándose a hablar conmigo. En una fiesta conocí a una chica catalana que también quiso participar del proyecto, al igual que su ex, un francés de Lyon, que me llevó a un café cercano a un cementerio. El responsable del establecimiento tampoco se resistió a los encantos de la *lovebox*.

Así, de persona en persona, ahora me dispongo a llegar, tarde, a un rincón en las lomas de Montmartre para charlar con un francés que no conozco sobre su vida amorosa.

Cada vez que cargo los casi dos kilos de *lovebox* a mis espaldas me arrepiento de esos tres centímetros de espesor. Pero cuando sale de mi bolsa, la coloco encima de una mesa y empiezo a grabar con ella, siempre los agradezco. Tiene presencia.

Es un extraño objeto, a medio camino entre la tecnología del siglo XXI y los viejos artilugios mecánicos del XIX. Produce un efecto hipnótico en todos los que se acercan, la miran y la tocan.

Mi última semana en París se acerca. Sigo pensando que el documental será fantástico y que lo más valioso que tengo son las reflexiones de quienes hablan conmigo. Pero la vida me da sutiles pistas de que la verdadera estrella del verano no es lo que estoy grabando, sino el objeto que estoy usando para grabarlo. Tardaré un tiempo y un par de fracasos en aceptarlo, pero terminará siendo una realidad incontestable.

Parte V – La última noche. El regreso

Generarse expectativas es bueno y malo. Son necesarias para empujarnos hacia adelante. Pero hay que andar con cuidado, porque el filtro del columpio no perdona.

Salí de Barcelona hace tres semanas y seis días. Vine con grandes expectativas sobre lo que esperaba encontrar en esta ciudad, en este apartamento de la rue Chapon, que mañana, a las once, abandonaré de manera definitiva.

Han sucedido cosas muy positivas, que no había planeado. Pero soñaba con poner fin a mis dudas sobre las relaciones de pareja. En lo que se refiere a eso, no ha sucedido mucho. Me resulta doloroso comprobar que regreso con similares heridas e incertidumbres. Con la incómoda sensación de tener ropa tendida afuera y que amenace lluvia.

Encima, empiezo a albergar serias dudas sobre el formato final del documental. Las conversaciones funcionan. Pero no son suficiente. He decidido sumarles mi intrahistoria del verano, convirtiendo el montaje en un caos. Con el tiempo, solo irá a peor. Aunque aún sea pronto para asimilar todo esto.

Me convenzo a mí mismo de que, con una buena edición, la peli quedará estupenda.

Este no es el mejor momento para pensar en montajes finales. Mañana cerraré la puerta y no sé si volveré a vivir en un piso de la ciudad de las luces algún día. Siento la necesidad de despedirme. Doy un último paseo. Ha hecho un día espléndido y la temperatura es agradable. Cruzo callejuelas del centro, *lovebox* en mano.

Grabo, corro, ando, paro, miro, pedaleo. Respiro.

Las luces me fascinan. Cruzo y recruzo mis puentes preferidos. Admiro una vez más Notre Dame y su aguja. Recorro barrios pendientes. Paseo incansablemente hasta que se diluye la tristeza de saber que el verano se acaba.

Esa noche, ese futuro recuerdo, vale todo un viaje. Por sí sola, justifica haber venido.

Me acuesto. En mi cama, en mi casa. La bicicleta está plegada, preparada para volver a la maleta que la trajo hace cuatro semanas. El ordenador, saturado de clips y audios donde hablo con personas que eran completos desconocidos hace apenas tres semanas.

La *lovebox*, en la mochila, espera que decida si la llevaré conmigo a Barcelona o se quedará en París, con mi amigo Antonio, en el estudio que la vio nacer a primeros de julio.

Me duermo visualizando los planos que he preparado para elaborar una nueva versión, más ligera y portátil, en Barcelona. Sueño con el amor, y con el amor después del amor, mientras por la ventana entran, como cada noche, los ruidos suaves de otros seres humanos que dormitan en el patio interior que me ha acompañado durante uno de los veranos más intensos de mi vida.

Parte VI – Lo que pudo haber sido. Lo que fue

La historia podría continuar con algunos titulares grandilocuentes:

«El documental *The love box conversations*, premiado en Sundance como el film más innovador del año.»

«Ignasi Giró, director novel, charla con Robert Redford sobre nuevas formas de contar historias... con un iPhone.»

«Se proyecta en cines el primer documental grabado íntegramente con un iPhone y una "mezcladora de vídeo manual".»

Mi imaginación coqueteó con estas alternativas. Posibilidades en un universo paralelo, porque en este, el mío y tuyo, estas cosas no sucedieron. El columpio aspiracional que tan alto había empujado en París me golpeó en el alma con idéntica energía, en sentido contrario, a mi regreso en Barcelona.

Mi documental no fue un éxito. Más bien fue un sonoro fracaso, debido, en gran medida, a que no conseguí terminarlo. Y no fue porque no lo intentara.

Me encerré obsesivamente durante tardes, noches y fines de semana a montar, remontar, editar y reeditar todo cuanto había grabado. Ante el desespero de mi pareja, escribí decenas de páginas con reflexiones sobre el amor, que grabé como voz en *off* e inserté en la película, intentando darle cuerpo a una historia que no tenía coherencia ni terminaba de cobrar forma. En paralelo, me zambullí en la titánica tarea de escribir los subtítulos en dos idiomas, inglés y francés. Porque, claro, aquello tenía que poder verse no solo en Sundance, sino también en Francia.

Exhausto, cuatro meses más tarde llegué a tener un primer borrador. Duraba más de una hora. Estaba sumido en una suerte de automegalomanía cinéfila y pensé que era valioso, que gustaría a la gente. Incluido Robert Redford.

Creé grandes expectativas y, muy esperanzado, lo puse en manos de varios conocidos.

Recordaré toda mi vida uno de los primeros *feedbacks* que recibí. Un amigo, que lo vio de inicio a fin, resolvió con un escueto mensaje: «Está bien tu docu. Pero se me hizo un poco largo. ¿Y si lo comprimes un poco, quitas las reflexiones y lo condensas en una pieza más ligera de, digamos, unos cinco o diez minutos?»

¿Perdón? ¿Disculpa? ¿Cómo se comprime una pieza que dura más de una hora en otra de diez minutos?

Otras opiniones fueron aún peores. No llegaron. Tal vez fue porque se cansaron antes de llegar al final de mi «obra de arte» y acabaron escurriendo el bulto.

Apenas dos o tres amigos muy cercanos, que me quieren mucho, y mi chica, que también me quería mucho, fueron capaces de verlo completo. Hubo disparidad de opiniones pero lo que sí quedó claro fue que fracasé en el intento de crear una gran historia que impactase, que fuese amena y que tuviese el potencial de seducir a miles de desconocidos.

Llevamos ya varios teoremas y leyes de esta teoría (optimista) del fracaso. Basta una rápida exploración del «Teorema del dolor, de la ilusión (y de la canción)», unida a la observación empírica de que fueron muy pocos los filtros emocionales que en aquel momento apliqué, para comprender la tristeza que me causó aquel desenlace.

Meses después del cálido y ya lejano verano en la rue Chapon, mi documental *The Love Box conversations* se había quedado a medias, tenía un infumable primer montaje que casi nadie quería ver y no me quedaban fuerzas para reconducirlo hacia algo mínimamente aceptable.

Desastre.

Pero sigamos con este peculiar Viaje al fondo de mis mejores fracasos, que aún queda cuerda. A mediados de marzo del 2012, no solo el documental había naufragado, sino también la relación amorosa que lo había motivado.

Se torcieron los planes. Todos.

Parte VII – Un poco de sol

Si algo bueno tiene el paso del tiempo es que tiende a dar una perspectiva balsámica a nuestros capítulos más oscuros.

Lo que en su día experimentamos como grandes fracasos (o éxitos) puede difuminarse al observarlo desde lejos. Ahora que recuerdo aquellos barros, conecto con lo positivo que nació en ellos. Transitarlos no fue fácil. Pero hizo falta para alcanzar vivencias incuestionablemente luminosas.

No sé exactamente cuándo o cómo ocurrió. La Ley del Calcetín aún no había sido formulada. Pero nada describe mejor lo que aconteció en mi vida, entonces, que esta ley. Un día, sin más, como quien cambia una bombilla o decide limpiar la cocina, volví mi mirada hacia la *lovebox*. El plan A no había funcionado. Pero se presentaba una alternativa sugerente: dejar de lado la malograda película y centrarme en convertir en producto aquel prototipo.

Dicen que el primer paso ya es la mitad del camino. Para mí, de entrada, representó un enorme descanso.

Es una etapa paradójica. Puede ocurrir que a las ocho de la mañana pase por la calle Torrent de l'Olla y se me encoja el alma al recordar el piso donde viví con mi ex. Puede pasar también que, a las ocho de la tarde, experimente una felicidad inmensa al ver las primeras muestras de madera del producto. Atravieso días bipolares a la velocidad del rayo.

Estoy haciendo algo que nunca antes había hecho. Mis historias, mis bocetos, están adquiriendo la categoría de «cosa». De objeto que compartiré, en breve, con el resto del mundo.

En tiempos en que pasamos vidas enteras produciendo en formatos digitales, sospecho que hay un efecto terapéutico, que tendemos a olvidar, en el mundo real, en lo físico. Aunque adores las herramientas digitales, construir algo con tus propias manos, verlo evolucionar y darle forma es incomparable.

Me abracé a aquel producto para mantenerme a flote. El olor a madera, el tacto del roble recién encerado, las tardes marcando con un sello a fuego el logotipo sobre las cubiertas de cien cajas, las visitas al taller de Jaume Arias, que fue el ebanista que acabó fabricando el producto, curaron mis heridas.

Sello a sello, semana a semana, llegamos aquí: está lista la primera edición de The Love Box. Está terminado el vídeo de presentación de mi primera «cosa». Ya casi tengo escrita la nota de prensa. Me agarro al lanzamiento como quien se aferra a los restos del mástil cuando se le ha hundido el barco. Sigo nadando, pongo mi fe en lo que vendrá y empujo, empujo.

Detrás ya sé lo que queda (un documental fallido, un fracaso amoroso). El sol brilla por delante.

¡Vamos!

Ley Universal de la Relatividad del Fracaso

Los fracasos y los éxitos no son sucesos invariables, sino relativos: dependen del sistema de referencia, del punto del espacio-tiempo desde el que se miren.

Todo suceso que en un lugar y un momento dado tiene la apariencia de un fracaso, podrá muy bien tener la apariencia de un éxito al ser observado desde otro lugar o momento.

Consejo: cuando nos sentimos fracasados, es imperativo seguir moviéndonos (tanto en el espacio como en el tiempo) hasta encontrar el sistema de referencia desde el cual ese aparente fracaso vire hacia percepciones más luminosas.

Hay un proverbio holandés que dice así:

«Detrás de las nubes, siempre brilla el sol.»

Cuando diseñé las primeras tarjetas de visita de mi madre, escribimos este proverbio en ellas. Adecuado sin duda, porque es una psicóloga con gran talento que durante decenios ha ayudado a sus pacientes a gestionar mejor sus vidas, y a que recuerden que, por muy nublado que esté el día, el sol sigue brillando en algún punto del espacio.

Esta es una imagen muy bella y cierta. De su veracidad emana la ley (universal) de la relatividad del fracaso que acabamos de enunciar. Nadie podrá poner en duda que el mismo día que amanece nublado y triste en Eindhoven (una pequeña y lluviosa ciudad holandesa) puede amanecer soleado y cálido en Barcelona. O viceversa (aunque esto sea estadísticamente menos probable).

He vivido cuatro años en Holanda, tres en Ginebra y dos en París. Algo sé de gestionar vacíos existenciales en ciudades centroeuropeas. Y aunque nada puede sustituir el placer inmenso de sentir los rayos del sol acariciándonos el rostro, si un domingo grisáceo llama a la puerta, cerrar los ojos y tomar consciencia de que el añorado sol no se ha marchado, sino que, temporalmente, ha quedado oculto tras una borrasca, es un recurso muy válido.

Cuando nos toca estar en un punto donde el sol no llega, basta decirnos a nosotros mismos que es cuestión de perspectiva. Si nos seguimos moviendo, tarde o temprano acabará por aparecer la luz soñada. Encontraremos un lugar donde no llueva. Será el mismo sol. Eres tú el que habrá cambiado de sitio.

Así que mientras llovía, seguí adelante. Un día del mes de marzo del 2012 mandé a todos mis contactos una peculiar nota de prensa. Había nacido The Love Box. La primera aplicación para iPhone construida con madera y espejo. Un raro invento con el que se podían grabar conversaciones de a dos (plano y contraplano) en un solo vídeo.

Si todo esto te parece muy críptico puedes abrir el ordenador y buscarlo en Google. Aún quedan múltiples artículos y noticias hablando del lanzamiento. Fue un éxito. Miles de personas se fijaron en la caja. Dimos la vuelta al mundo con este titular extraño.

La relatividad del fracaso inicial quedó patente: la misma historia que tan grisácea parecía cuando se observaba como el nacimiento de una película (o como una experiencia emprendida para ayudarme a rescatar mi relación de pareja), se convertía en una exitosa vivencia de la cual había nacido la *lovebox*.

Fueron meses alocados. Exhibimos el invento en un museo. Ganamos premios. Salimos por la tele. Nos publicaron en medios internacionales de prestigio. Incluso vendimos la serie (limitada) a casi un centenar de personas distribuidas por todo el mundo.

Un triunfo en toda regla. Lo más antagónico a un fracaso.

Atención: algo me chirría muy adentro al leer esto. Detesto la idea requetemanida y megautilizada de que todo fracaso no deja de ser una especie de lodazal incómodo que, si lo atraviesas, te acaba acercando al éxito.

Este libro no va de eso. No quiero caer en el páramo de esta dicotomía. De que tiene más valor lo segundo que lo primero. No es cierto. He sufrido mucho, y creo que no soy el único, a causa de esta visión polarizada. Falsa.

Esto nos conduce a una derivada de la ley de la relatividad del fracaso: de la misma manera que todo fracaso puede ser, desde otra perspectiva, un éxito memorable, todo éxito puede encerrar, también, grandes fracasos. Es todo muy ambivalente.

Un terapeuta que conocí hace años lo resumía con una excelente metáfora: «El ego es como el neumático de una bicicleta. Cuando las cosas van mal, es importante mantenerlo hinchado, cueste lo que cueste, porque si no la bicicleta no anda. Pero cuando sobreviene el éxito ¡hay que ir con mucho cuidado! Si nos hinchamos en exceso, si le damos demasiada importancia, acaban por reventar las ruedas. Nos quedamos sin bicicleta.»

Apoyado en su metáfora, completo nuestra teoría:

Efecto de la intrínseca ambivalencia

Cuando llegan éxitos,
halagos múltiples
y días soleados,
es bueno recordar con frecuencia
que no somos mejores
de lo que fuimos antes,
cuando el fracaso nos golpeó con fuerza,
nadie nos elogiaba
y afuera llovía.

Una ley como la de la relatividad del fracaso y el efecto de la intrínseca ambivalencia merecería estar escrita en carteles gigantes en las entradas de las escuelas. Y en las empresas, claro.

Me hubiera venido de perlas tenerla anotada en el espejo del baño durante esos meses en que me fui apocando, a medida que no lograba acabar mi película. O cuando tuve que enfrentarme a la ruptura. Tampoco me hubiese importado leerlo a menudo cuando lancé el producto, giró la tortilla y empezaron a llover flores.

Me surgen muchas preguntas.

¿Qué sentido tiene sentirme exitoso si esa sensación está basada en halagos superficiales y no en la íntima certeza de que soy valioso haga lo que haga, sea quien sea?

¿Qué sentido tiene sentirme un fracasado si esa percepción se sustenta en factores externos?

¿Cómo te juzgas a ti mismo? ¿En base a qué te valoras positiva o negativamente?

¿Cuántas veces oyes dentro de ti una voz que te anima o una voz que te aprieta las tuercas?

Sea cual sea la regla última que usemos para medir nuestra valía, no puede depender de sucesos tan volátiles como que nos haga caso un periodista, que nos aplaudan en conferencias o que nos compren lo que sea que vendamos. Tendrá que haber otra medida más profunda. Más anclada en constantes y no en variables. Encontrarla será crucial para desarrollar el arte de estar vivo y sentirse, la mayor parte de los días, más feliz que contrariado.

Medirse con una regla justa y compasiva tiene efectos magníficos de manera inmediata. Incluso puede producir reacciones en cadena.

Cuando recuperé fuerzas y fue llegando aire nuevo a los neumáticos de mi bicicleta interna, volví a ser capaz de entrar en el laberinto del documental que había dado por perdido. Nunca acabó siendo la película soñada. Pero con todo lo filmado logré montar un reportaje digno. Lo hice con todo el cariño que pude, consciente de que ni Robert Redford en Sundance ni ningún festival de prestigio lo seleccionarían nunca. Ni falta que hacía.

Lo proyectamos una noche de invierno en una antigua fábrica de tiritas cerca de Montreuil, donde vivió Antonio un tiempo. Vinieron amigos y conocidos. También algún desconocido. Hubo vino, conversaciones, sonrisas y pinchos.

Me alegro mucho de haberlo hecho.

Compartirlo fue bonito y emotivo.

12

LUCES INESPERADAS

«Postulado de las —casi mágicas— Luciérnagas»

Lo que sigue a continuación tendrá la forma de postulado, porque si quisiera demostrarlo, no sabría por dónde empezar. Pero ocurre de manera incontestable.

Un telón oscuro cae sobre la función, a destiempo. Al guión aún le quedan páginas, que habías escrito con ilusión. A pesar de ello, alguien desaloja el teatro. Te quedas a medias, con las luces bajas. Peleas un poco. Con las fuerzas que te quedan, sigues adelante. Piensas que detrás de esa colina, si logras llegar a ella, habrá refugio. Pero cuando la alcanzas, aún faltan tropecientas montañas de cuestas empinadas.

Hagas lo que hagas, el resultado es el mismo. Estás vacío, en una oscuridad profunda. Son cosas que ocurren.

Por ejemplo: son las nueve de la noche. Podría llover afuera, hacer mucho frío. Nevar, incluso. Sintonizaría con mi estado de ánimo actual. Pero no. La rue Au Maire no está encharcada de agua, sino de vida. Gentes de todo tipo pasean por ella y disfrutan de la primavera, ajenas al drama que tiene lugar en la cabeza del tipo que las observa desde la ventana del tercero.

Hace menos de un año que —a doble página, con bombo y platillos— anunciamos que mi «agencia de cosas» se instalaba en la Ciudad de la Luz y nos integrábamos a un gran grupo. Asumía un nuevo puesto requetechulo. Sonreíamos en las fotos. Saboreábamos el «éxito».

Hace menos de dos semanas, el proyecto quedó herido de muerte. La aventura, tal como la habíamos imaginado, ha terminado. Hay que buscar nuevos destinos.

Otro ejemplo: quedan pocos días para cerrar el montaje final y presentar el documental al director ejecutivo. Llevo más de un año dando forma a la historia de una antigua profesora que, a los noventa y dos años, sigue dando clases de matemáticas. Sucede que dicha profesora es también mi tía abuela. La hermana de mi querida *àvia* Pepita. Dos personajes mayúsculos, cuyo enorme peso en mi vida personal me está dificultando tomar las decisiones acertadas para terminar la película.

La sala de montaje se asemeja a un laberinto plagado de trampas. ¿Quitamos la quinta entrevista? ¿Mantenemos esta reflexión? ¿Cortamos antes o después del coche? Cada minuto tengo que elegir entre media docena de opciones distintas. Empiezo a dudar de que sea capaz de terminar mi documental a tiempo.

Y uno más: mi primer empleo y la primera presentación a mi jefa de la nueva web del laboratorio que llevo meses diseñando. Su respuesta amarga. Su mirada oscura. El pánico que me produjo la amenaza velada de un despido, que echaría abajo mi recién estrenada vida en Ginebra.

Hay más ejemplos. Muchísimos. Decenas de días, de instantes, en que llego —llegas— al final de un camino.

Exhausto, tomas conciencia de que las fuerzas te abandonan. De que difícilmente podrás seguir solo. Entre otras razones, porque no tienes la menor idea de por dónde seguir andando.

Pero retomemos la senda del optimismo. Hay un conjuro mágico que le da la vuelta al entuerto. Se resume en dos palabras. De ellas brota el misterio: pedir ayuda.

Nada más que eso.

Abrir el ordenador, mandar un *email*. O encender el móvil y llamar a alguien. O mandar un WhatsApp. Tú eliges. Pero pedir ayuda. Decir que no sabes qué hacer. Aceptar que tú solo te hundes.

Es así como aparecen. A veces tardan un poco. Otras, son muy veloces. Pero siempre aparecen. Luces inesperadas, luciérnagas misteriosas en mitad del camino, que estaban allí desde hace rato pero que tú no habías visto. Su magia solo se hace visible cuando invocamos su ayuda.

Son muy variadas.

La hermana de una amiga con la que hace años que no hablas. Es abogada, vive en París y, sin pedir nada a cambio, se convierte en tu cicerone entre las sombras para que sigas adelante hasta que acabe la tormenta.

Un tal Raúl que muestra un criterio infinito —y una empatía inconmensurable— para ayudarte a tomar decisiones en el montaje de tu documental. Que se implica emocionalmente en el proyecto mucho más allá de lo que su salario como montador le exigiría. Hasta que encuentres tu camino y el montaje final esté impoluto.

Una compañera de trabajo que lo deja todo por un rato, te invita a un café, te mira a los ojos y te dice —¿o recuerda?— que tú vales mucho, que la nueva web que has hecho para el laboratorio es dignísima y que nada ni nadie debería hacerte dudar de ello. Ni siquiera tu infernal jefa.

Siempre aparecen. No ha habido un solo momento en mi vida en que, tras haberme desmoronado, habiendo pedido ayuda, luciérnagas casi mágicas no hayan venido a mi encuentro. Dándome lo que hiciese falta para seguir adelante. A veces ha sido una charla. Otras, un abrazo. Algunas tardes, consejos. O un buen libro. O una tarde de cine. De alguna forma, ellas saben lo que necesitas incluso antes de que tú lo sepas.

Y te lo ofrecen sin pedir nada a cambio.

Postulado de las —casi mágicas— Luciérnagas

Cuando las luces se apagan
y nos perdemos —del todo—,
si pedimos ayuda
y aceptamos la derrota,
siempre —siempre— aparecen
luces inesperadas,
luciérnagas casi mágicas
que iluminan nuestro camino
hasta que volvamos a encontrarnos.

En honor a mis luciérnagas, a todas las que me iluminaron cuando más falta me hizo, habilité hace ya tiempo en mi página web una sección para ellas, en exclusiva. Es una lista de nombres inconexos entre sí, pero asociados cada uno a al menos un buen recuerdo. Un peculiar muro de las no lamentaciones, porque la lista no está construida de papeles y piedras, sino de perlas que centellean.

Las luciérnagas no vendrán si no les pedimos ayuda. Esta condición, que parece muy sencilla, es, de hecho, la principal causa que nos aleja de ellas. Porque no nos gusta aceptar que no pudimos con el reto. Porque nos cuesta horrores admitir que nosotros, solos, no hemos logrado llegar a la meta. Es más: solemos pensar que el solo hecho de dar la voz de alarma y de reconocer que necesitamos ayuda es un nuevo fracaso.

Este prejuicio, tan común como dañino, está enterrado muy hondo en nuestras mentes. Tal vez se relacione con lo que pensamos que significa ser «exitosos».

El relato del triunfador suele estar construido alrededor de un genio solitario. Un ser tenaz que lucha contra viento y marea. Que en sus inicios quizá fracase o no sea aceptado por el resto del mundo, pero que siempre termina por concretar su visión, cosechando aplausos, reconocimiento y dinero. Bastante dinero.

Este relato es ficticio o, cuando menos, extremadamente improbable. Pero es el que nos han contado. Así que lo hemos tragado y digerido, viviendo como una muestra de debilidad intolerable la petición de ayuda.

¿Depender de ayudas externas porque no somos capaces de avanzar solos? ¡En absoluto! La autosuficiencia es el valor en alza. Lo demás son excusas de perdedores.

Qué desastre.

Miguel, un gran amigo, me regaló unas palabras que usaré como alegato: «La independencia es una mierda. No creo en ella. Lo mejor es la dependencia. Porque todos nos necesitamos los unos a los otros.»

Cuánta razón tiene. Soy un fervor defensor de la interdependencia. De la infinita y preciosa red de ayudas necesarias para que cualquier ser humano logre hacer prácticamente cualquier cosa.

Y no hace falta tropezar o pasar un mal trago para beneficiarse de esas ayudas: beber agua del grifo, escribir un poema en una libreta, dar un paseo por una calle alumbrada, arrancar el coche, montar en bici, hacer el amor en una confortable cama, escuchar música, bailar un tango... Todo cuanto hacemos es posible gracias a una larguísima cadena de eventos, acciones de otros que nos han precedido y crearon las condiciones necesarias para que hoy, ahora, tú y yo podamos hacer lo que hacemos.

La sociedad, el arte, el humor, el diseño o la cultura son enormes redes conectadas, interdependientes, siempre coayudándose.

El relato del héroe solitario y autosuficiente ha caducado. Necesita ser revisado con urgencia. En su lugar, propongo el modelo de redes de luciérnagas interdependientes, conectadas las unas a las otras, que se ayudan en bucle. Las nuevas palabras mágicas son estas:

Colaborar. Conectar. Ayudar.

En este nuevo paradigma, gracias a los vínculos multidireccionales, tú también puedes convertirte —en otro momento o espacio— en una luciérnaga para alguien.

Creo apasionadamente en la interdependencia. Y en las luces inesperadas. Y en las luciérnagas casi mágicas.

Me han salvado muchas veces. Y me seguirán salvando.

12 + 1

¡QUÉ (BUENA) SUERTE!

«Axioma (breve) de John»

Teniendo en cuenta que este es el capítulo doce más uno, parece adecuado dedicarlo a la buena suerte.

Cuando llega el éxito, nadie suele tenerla demasiado en cuenta. Tan ególatras somos, a veces. Tan convencidos estamos, o queremos estar, de que merecíamos el resultado: hicimos lo correcto y la vida nos dio lo que nos correspondía.

Pero no es así. No del todo, como se verá en el axioma (breve) que bauticé con el nombre del simpático periodista que, una mañana de invierno, le dio un vuelco a mi vida.

Axioma (breve) de John

Digan lo que digan,
te cuenten lo que te cuenten,
en la vida,
para que algo salga bien,
ante todo
y sobre todo
hay que tener
(buena)
suerte.

Sí, hay que buscarla.

Sí, hay que estar allí, preparado, por si toca.

Y sí, si no la buscas, nunca tendrás suerte.

Pero buscarla o pelearlo no es garantía de nada. La he buscado infinidad de veces y aparece tan pocas que terminé pensando que lo normal es que no aparezca.

¿Que qué es la suerte? No tengo ni la más remota idea. Tal vez, el nombre que le damos a todo aquello que escapa del plan a, b, c, d o f; o tal vez la imagen que damos a aquello que no podremos, jamás, planear debidamente.

Lo que sí sé es que, algunos días, ocurre algo. Los astros se alinean. Suena la flauta. Y un periodista que ha ignorado los últimos cinco *emails* que le has mandado responde al último mensaje, te pide cuatro fotografías y publica tu historia en una de las revistas más leídas del mundo.

Con ese simple gesto, tan diminuto para él, tu web explota de tráfico, te descubren en San Francisco y tu vida toma un cauce inesperado.

Me encantaría poder decir que lo tenía todo planeado. Que yo ya sabía —claro, claro— que John haría lo que hizo. Que nada fue casual. La verdad es que nada estaba previsto. Solo tenía el sueño —enorme— de que alguien como él me hiciese caso. Eso es todo. Un cisne negro bailó en mis manos.

Gurús habrá que den charlas y cursos, a precios más o menos desorbitados, sobre el arte de la buena suerte. Quizá algo de lo que digan tenga sentido. O todo lo contrario.

Puestos a echar mano de expertos, prefiero recordar al explorador holandés que en el año 1697 descubrió la existencia de cisnes negros en Australia. Hasta entonces, estábamos todos convencidos de que un cisne negro era una criatura imaginaria. ¿La razón de nuestro convencimiento? Nunca nadie había visto uno antes. El fortuito encuentro de Willem de Vlamingh —así se llamaba el explorador— con tan peculiar espécimen permitió que, ya en el siglo XXI, Nassim Nicholas Taleb elaborase la hoy famosa teoría del cisne negro. Que viene a ser algo así como una celebración de todo aquello que, pese a no tener precedentes, un día sucede.

Lo más precioso de esta teoría, más allá de que pueda alimentar nuestra esperanza en determinados futuros —aun siendo éstos altamente improbables—, es que Taleb no hace el más mínimo esfuerzo en intentar predecir estos acontecimientos.

Los cisnes negros no se predicen.

Taleb se limita a comprobar su existencia para ayudarnos a gestionar sus imprevisibles impactos cuando sea que irrumpan. ¿No es esto la aceptación total del fenómeno que llamamos «suerte»? A mí me lo parece.

Solo añadiría —y esto es ya cosecha propia, que no lo sepa Nassim, no vaya a enfadarse— una subcategoría de sucesos: los «cisnes negros sonrientes», que podemos describir de esta manera:

- Son acontecimientos nunca antes observados.
- Son negados por cuantos nos rodean.
- Tienen un enorme potencial positivo para nosotros.

Hoy mismo, sin ir más lejos, estoy pendiente de un par de cisnes negros sonrientes. De algunas carambolas que me haría mucha ilusión que se completasen. Me desvivo por hacer todo lo posible para que la cuadratura del círculo ocurra. Pero trato de mantener la calma.

Imagino al «primer» cisne negro paseando delante del explorador holandés, ajeno al impacto que su paso tendría en la historia de la humanidad. Recuerdo el Axioma (breve) de John. Sé que, haga yo lo que haga, siempre se me escaparán algunas variables.

Acepto el precioso azar.

¿Y ya está? ¿Termina aquí el capítulo?

La verdad es que no. No puedo dar por cerrado el capítulo sin antes hablar de la Fe en la Vida. La fe mayúscula en que, pase lo que pase, sea del color que sea el cisne que se nos presente, encontraremos sol en el camino.

Hablemos de la fe.

Recuerdo grandes discusiones con mi abuela materna. Ella, una católica ferviente. Yo, un joven descreído. Nuestras conversaciones sobre religión solían terminar con una sentencia triste de su boca: «¡Qué lástima que no tengas fe! ¡Qué pena!».

Oírla me indignaba. Le decía que no se confundiera, que yo tenía mucha fe, mucha. Solo que creía en cosas que nada tenían que ver con su credo.

Hoy, como entonces, no concibo estar vivo y gestionar el enorme misterio que esto significa sin desarrollar una fe sólida en que, pase lo que pase, la vida, la mía, la de todos, tiene un sentido.

Hablar de fe no siempre es fácil. Del otro lado del espectro del fanatismo religioso, escucho voces intolerantes con nada que se parezca a la fe. Algunos defienden a capa y espada que ellos no creen en «bobadas». Que ellos creen en el progreso. En la ciencia. En las certezas «requetedemostradas»

No puedo evitar esbozar una sonrisa picarona al observar esta confianza casi religiosa en la ciencia. Pasé cinco años sumergido en las leyes de Newton, la relatividad, la cuántica..., incluso la electrodinámica clásica, una de las cosas más toscas a las que mi cerebro se ha enfrentado. Si algo me quedó claro es que el universo y el mundo no son entes exentos de misterios o de los que hayamos logrado extraer muchas certezas. Al contrario: por cada suceso que comprendemos, anotamos en la libreta docenas de nuevas preguntas. Acumulamos incertidumbres a escala planetaria.

Si le preguntas a un físico qué seguridad hay de que un fotón de luz atraviese un determinado filtro polarizador, o con qué precisión puede medir la velocidad y la posición de algo, rara vez te responderá con certezas. Te hablará de probabilidades. Incluso me atrevería a decir que si le preguntas cuán seguro está de que el sol saldrá mañana, no te ofrecerá una certeza absoluta.

Recuerdo a un profesor de física cuántica, de clases memorables, que un día cogió una silla y amenazó con tirarla contra un muro afirmando —tan tranquilo— que la probabilidad de que lo atravesase y apareciese en la clase de al lado, intacta, no era cero. No bromeaba.

En conclusión: viendo el enjambre teórico (y misterioso) en que se ha convertido eso que llamamos ciencia, parece bastante adecuado seguir teniendo a mano un poco de fe y confianza. Porque la ciencia dista mucho de ser un credo al que recurrir para tapar agujeros. Más bien es una reafirmación perpetua de lo que no sabemos. Un eterno cuestionarse.

Yo necesito sumarle fe al guiso existencial para poder saborear la esperanza.

Si seguí mandando *emails* al bueno de John es porque tenía fe en que, quizá, algún día alguien abriría mi mensaje. Si eso ocurría, quizá ese alguien lo leería. Y si eso ocurría, quizá le gustase mi producto. Y si eso ocurría, quizá se plantease publicarlo. Y si eso ocurría, quizá la publicación sería leída por muchísimas personas. Y si eso ocurría, quizá muchas personas querrían saber más de mi producto. Y si eso ocurría, quizá algunas personas lo comprarían. Son muchísimos condicionales. Muchísimos «quizá». Difícil transitarlos sin un buen saco de fe en las alforjas.

Si durante el otoño planto semillas de tomates, rábanos y lechugas, confío en que luego crecerán brotes verdes. Que los brotes tomarán forma. Que en verano nos haremos ensaladas sabrosas con sus frutos. Un acto de fe enorme.

Mi fe no está enraizada en dogmas opacos. Es más bien una voz que, cuando me atosigan las variables, dice en mi oído que suelte lastre, que deje que el viento hinche las velas y que navegue lo mejor que sepa hacia donde sea que el mar quiera llevarme.

Es importante tener fe en que, al final de un viaje, aletearán por encima de nuestras cabezas aves sonrientes.

O llegará la —buena— suerte.

O, incluso mejor: lograremos hacer buena cualquiera que sea nuestra suerte.

14

QUERIDO IGNASI, ERES UN FRACASADO

«Cartas pasadas, respuestas futuras»

Hace cinco años escribí una carta. No era una carta cualquiera, porque me la mandé a mí mismo. Al Ignasi del año 1984.

Estaba atravesando un momento extremadamente difícil. Aunque ahora, desde la bendita distancia, sé que fue un punto de inflexión que dio paso a años muy enriquecedores.

Por razones que, al leerla, comprenderás de inmediato, esta teoría optimista sobre el fracaso no estaría completa si no incluyo, íntegra, esta carta en ella.

Aquí la tienes, pues. Intacta.

Luego te contaré más detalles.

Querido Ignasi:

Soy yo —es decir, tú— escribiéndote desde el futuro. Tu futuro, mi presente: el año 2014.

Esta noche he recordado aquella tarde del 85 cuando tenías diez años. Saliste cansado del cole. Camino a casa, te sentaste en un banco. Devorando unas pipas Churruca imaginaste en tu mente infantil cómo podrías ser tú —es decir, yo— dentro de unos veinte años. Construiste una imagen ideal, de mi persona, llena de certezas y éxitos. Luego, acabadas las pipas, te fuiste con prisa a casa. Creo que ese día tenías clase de judo.

Por fin ha llegado el momento que imaginaste. El tiempo, que es más lento que un caracol, pero más terco que una mula, ha seguido su curso tranquilo, hasta llegar a hoy, momento elegido en que tu futuro es mi presente. Tengo noticias frescas sobre aquel Ignasi que entonces soñaste.

Seré muy franco: no son buenas nuevas. El veredicto es claro. Querido Ignasi, he de decirte que eres —soy— un fracasado. Sí, suena fatal. Pero no encuentro mejor palabra para expresar la infinita distancia que separa lo que tú imaginaste que sería de lo que al final he acabado siendo. Vayamos por partes.

Para empezar, no tengo casa, con o sin hipoteca. Nada. Cero. Ese piso grande y luminoso, con cuatro habitaciones gigantes, una nevera siempre abastecida y calefacción todos los días de la semana, simplemente no existe. Ni ha existido nunca. Ya sé: papá y el abuelo, a mi edad, ya tenían casa propia. Pero las cosas van como van.

De cualquier modo, no es el peor de mis fracasos. Lamento decirte que tampoco tengo hijos y que no fundé una familia. Los dos o tres chavales que imaginaste, avispados y pillos, parecidos a ti, siguen en el limbo. Aunque tenga ya

38 tacos y quizá vaya siendo hora, sigo siendo un no padre fracasado.

Puedo imaginar tu confusión al leerme. Quizá reclamándome «Bueno, ¿y qué hay del trabajo? Tendrás uno bueno, estable y bien remunerado, ¿no es cierto?». No te asustes, Ignasi. Siéntate un momento, que esto es complicado.

Mira, el mundo ha cambiado mucho. No tengo nada de eso. La mayoría de mis amigos tampoco. No es que no tenga trabajo. Trabajo hay para aburrir. Otra cosa es que alguien te pague por hacerlo. Hice una buena carrera. Aprendí idiomas. Trabajé unos años para algunas empresas «gordas», de esas con recepción, secretarias y corbatas. Pero nada fue nunca demasiado estable, y mucho menos, seguro. Hace un tiempo decidí montar mi propia empresa. ¡Sí, soy «empresario»! No, no soy rico ni tengo yate. Lo que sí que tengo son algunos ataques de insomnio, pocas garantías de éxito y bastantes dolores de cabeza. Todo muy incierto. Todo muy complejo.

Sin embargo, para ti lo peor no será esto. Te conozco bien, sé lo que te ilusionaba entonces. Tengo que confesarte muy avergonzado que jamás logré ser delantero titular del Barça, ni grabé un disco, ni publiqué un libro. También en esas aventuras he fracasado estrepitosamente. Una lástima.

Pero no te preocupes por mí, por ti: ¡estamos bien, en serio!

Aunque no haya publicado un libro, he seguido escribiendo. Guardo algunos manuscritos en casa y lo que disfruté escribiéndolos no me lo quita nadie.

Sigo tocando la guitarra, cantando de vez en cuando y, aunque sin disco, mis canciones se han convertido en un precioso mapa emocional de lo que ha sido nuestra vida.

Lo de no haber comprado nunca un piso me ha dado la oportunidad de vivir mil y una vidas distintas, más ligero de equipaje, más tranquilo.

Montar mi propia empresa ha sido —y es— una fascinante aventura. Jodidísima a ratos. Pero incalculablemente enriquecedora.

Aunque no tenga hijos, he construido muchas otras cosas —y vínculos— por el camino. Recuerdo besos y noches prodigiosas en ciudades que hace años que no piso. Pese a las turbulencias y las espinas, me he sentido vivo y amado.

Y sobre las pocas certezas construídas y las muchísimas incertezas, la vida me ha enseñado que el gran logro no está en eliminar las primeras, sino en aprender a convivir con las segundas —sin que te amarguen un dulce, o un café de domingo, o una tarde soleada en octubre.

En fin. Me despido, Ignasi, que a este paso no llegarás a tu clase de judo. Ve tranquilo y olvida todo esto cuanto antes, no vaya a condicionarte demasiado.

Con el tiempo, tu futuro y mi pasado se irán entrelazando hasta unirse en un momento en que tú seas yo y yo sea tú. Cuando eso suceda, intuyo que lo habrás entendido todo. Y te importará una mierda ser o no ser un fracasado.

Cuídate mucho, come fruta y no tengas —demasiado— miedo.

¡Nos vemos pronto!

Te quiere y te desea lo mejor,

Ignasi

Distan cinco años entre el 2014 y el 2019. Cinco largos años en los que me ha pasado de todo. Pese a ello, al leer esta carta, hoy, me doy cuenta de que la semilla de este libro se escondía en sus palabras.

La Ley del Calcetín, la Relatividad del Fracaso, el Axioma de Arkady, la Ley del Hombre Colmena. No tenían nombre aún. Pero asomaban por la puerta.

Especialmente, el Postulado de las (casi mágicas) Luciérnagas, que quedó demostrado antes incluso de ser formulado, porque a las pocas horas de publicar la carta en la fantástica revista llamada *Yorokobu*, recibí un aluvión de mensajes llenos de empatía.

De alguna forma inesperada —Axioma (breve) de John—, toqué una nota que vibró con fuerza en el interior de muchas otras personas.

Se desató una frecuencia de resonancia.

Centenares de (supuestos) fracasados nos vimos reflejados en el mismo espejo.

Juntos, nos ayudamos.

Fue algo precioso.

Cerraré el capítulo dándoles las gracias a todos. Corrijo: a todas.

¡Muchísimas gracias, mis queridas (y casi mágicas) luciérnagas!

15

DOCE AÑOS (Y SIETE MESES) MÁS TARDE

«Teorema de Daniel, Axioma de Solana»

Podría contártelo así y sería absolutamente cierto:

«Había una vez una agencia creativa que me había robado el corazón. Buscaba yo, por aquel entonces, un nuevo trabajo que me ilusionase. Así que le mandé un *email* a su fundador, un tal Daniel Solana, junto con mi currículum, un *link* a mi página web y un cortometraje de animación que había hecho con el propósito de destacar mis capacidades como diseñador. Daniel vio el cortometraje, descubrió mi web, me mandó un *email* y tomamos un café. Luego, tomamos otros cafés. Al final, me ofreció un puesto de trabajo en su agencia. Trabajamos juntos. Final feliz.»

Si la idea del libro es compartir contigo mis tropiezos, no andar poniéndome medallas, quizá te preguntes por qué te cuento esta historia. Lo que he contado es cierto, pero faltan algunos detalles relevantes.

Sí, mandé un *email* a Daniel. Y dos. Y tres. Incluso le llamé. Varias veces. Demasiadas.

Sí, acabé trabajando con Daniel.

Pero recorrer el trayecto que dista entre el punto A y el punto B tomó un tiempo.

Punto A, mayo del año 2004, Ginebra. He tomado la decisión de volver a España y la agencia que dirige Daniel hace proyectos que me inspiran muchísimo. Es exactamente el tipo de empresa de la que me gustaría formar parte. Le mando un *email.*

Punto B, Barcelona: es oficial. Acabamos de firmar el contrato, trabajaremos juntos. Lo celebramos con un café en la plaza de la Virreina. Es un día entre semana del mes de noviembre del año...

(redoble de tambores)

¡Dos mil dieciséis!

Han pasado doce años y siete meses desde que mandé el primer *email.*

Imagina a mi yo del 2016 llamando por teléfono al Ignasi del 2004 para contarle la hazaña:

—¿Sí, dígame?

—Hola, ¿Ignasi?

—Sí, soy yo. ¿Quién es?

—Soy yo. Bueno, tú. Tu yo del futuro. Te llamo desde Barcelona.

—¡Anda, qué emoción! ¿Qué tal? ¿Cómo estoy? Bueno, quiero decir, estamos, ¿cómo estamos, los dos? ¿Todo bien?

—Pues bien, sí. Francamente bien. ¿Te acuerdas del *email* que acabas de mandarle a un tal Daniel?

—¡Claro! ¿Lo ha leído? ¿Le ha gustado mi corto? ¡Cuéntame!

—Sí, sí. Vio tu web. Y tu corto. Le gustó mucho. Justo acabo de estar con él.

—¡Genial! Y... ¿qué? ¿Me da trabajo? ¿Hago las maletas?

—Pues por eso te llamaba. Justo hoy hemos firmado el contrato. ¡La semana que viene empezamos a trabajar juntos!

—Guaaaau. Es fantástico. Me hace muchísima ilusión. ¡Gracias por avisarme!

—De nada, hombre. Soy yo, o sea, tú. Es un placer darme buenas noticias a mí mismo.

—Supongo que tendré que irme despidiendo de Ginebra, entonces...

—Bueno, sí. De eso te quería hablar, también. Vuelves a España en octubre.

—Dentro de nada. Perfecto, así me da tiempo a terminar algunas cosas. ¿Y cuándo me llamará Daniel para quedar, charlar...? Supongo que tendré que hacer algunas entrevistas, ¿no? ¿Será muy largo el proceso de contratación?

—Ignasi, ¿estás sentado?

—¿Perdón?

—Siéntate y sírvete una copa de vino.

—¿Qué?

—Verás, vuelves en octubre, pero no es para trabajar con Daniel. No te llamo desde el año 2004.

—No sé si te sigo... ¿Desde cuándo me llamas tú, entonces?

—Todo se ha retrasado un poco. Un poquito bastante.

—Define poquito bastante.

—Mira, te llamo desde el año 2016. Faltan doce años (y siete meses) para que firmes el contrato con Daniel.

—...

—Pero oye, que en octubre vuelves a España. Te fichará otra agencia. ¡Irá muy bien!

—...

—¿Ignasi?

—Perdona, ¿has dicho doce años y siete meses?

—¡Pasará volando, ya verás!

—...

—¿Ignasi? ¿Sigues allí?

—Vete-a-la-mierda.

Afortunadamente para él, nadie lo llamó desde el futuro para darle la noticia. Todo sucedió poco a poco y pudo hacerse a la idea de manera gradual.

Revisemos lo qué ocurrió entre mayo del 2004 y noviembre del 2016.

Para empezar, ninguno de los *emails* que le mandé a Daniel desde Ginebra obtuvo respuesta. Tampoco mis llamadas. Apenas logré, al tercer o cuarto intento, que a la recepcionista de la agencia se le acabase la paciencia y me colgase el teléfono de malas maneras. Pero sí me respondieron otras empresas y finalmente aterricé en Madrid, contratado por tres valientes emprendedores que habían levantado de la nada un próspero negocio creativo.

Casi dos años más tarde, Daniel, no recuerda cómo, se topó con un corto de animación que le llamó la atención. Era *El vendedor de globos*, aquella pieza que había creado por amor al arte. Tirando del hilo llegó a mi web y me mandó un *email*. Nos conocimos. Tomamos un café. En aquel momento, estaba enamorado de una chica encantadora que vivía en Barcelona. Quería volver a tierras mediterráneas. Y lo hice, pero para trabajar con unos suecos que abrían oficinas en España. De mi contrato con Daniel, de momento, nada. Paciencia.

Pasó el tiempo. Vivo nuevas aventuras y experiencias profesionales. Incluso montamos, con los emprendedores que me contrataron en el 2004, un par de empresas juntos.

En paralelo, una vez al año, y siempre en la Virreina, Daniel y yo nos sentamos alrededor de un café y nos ponemos al día.

Hasta una tarde de octubre del año 2016, en que el café se demora más de la cuenta, empezamos a prototipar posibles colaboraciones y florece, al fin, la idea que se había estado fraguando desde mayo del 2004, cuando mandé mi primer mensaje desde Ginebra.

La vida da muchas vueltas. Recapacito sobre lo ocurrido durante ese lapso de doce años. ¿Qué he aprendido de esta demora gigantesca?

Con la Ley del Calcetín en la mano, asumo (tranquilo) que todo lo que no ocurrió entonces abrió la puerta a todo lo que sí ha pasado. No me quejo. Tuve suerte.

Pero cometí un error de bulto, y si pudiese hacer esa hipotética llamada al Ignasi del 2004, compartiría con él mi aprendizaje.

Hizo bien muchas cosas. Supo poner en valor sus entonces pocos trabajos. Fue tenaz. No se desesperó ante las negativas o, aún peor, ante los silencios. Incluso se inventó un corto. Que nadie le había pedido, que disfrutó mucho haciendo y que le abrió puertas inesperadas. Y perseveró hasta que alguien le ofreció un trabajo.

¿Cuál fue, entonces, el error?

Es muy loable seguir empujando con fuerza cuando aparece una montaña. No desanimarse. Pero a veces a la insistencia hay que sumarle algo nuevo, o sigue pasando lo mismo.

Corre por redes sociales una manida frase que lo resume perfectamente. Se la atribuyen a Einstein, aunque no he podido verificarlo.

«Si quieres obtener resultados distintos,
¿por qué sigues haciendo lo mismo?»

Cuando el Ignasi del 2004 chocó contra un muro inexpugnable (un sistema ineficiente de recepción de currículums, una recepcionista tosca que no iba a ceder un milímetro), siguió insistiendo en línea recta. Con más fuerza, pero sin cambiar la dirección del esfuerzo.

Se lo acabo de comentar a Daniel y él también está de acuerdo:

—A ver, una pregunta: Si en vez de seguir mandando *emails*, o llamando, te hubiera mandado algo, no sé el qué (un objeto, una ventana en miniatura, un globo...), ¿no hubiera eso asegurado, al menos, que vieses mi corto un par de años antes?

—Sí, probablemente.

Gracias por tu respuesta, Daniel.

Acabas de validar (sin saberlo) el teorema que lleva tu nombre.

Teorema de Daniel

Es imperativo saber curvar los planes e imaginar rutas nuevas cuando aparecen muros infranqueables.

Porque la tenacidad viaja en línea recta y, a veces, puede atravesar montañas.

Pero solo la imaginación nos permite, eventualmente, sobrevolarlas.

Quizá, si alguien me hubiese mandado este teorema cuando buscaba un primer trabajo en España, habría cambiado por completo mi historia.

O no.

Nunca lo sabremos. Ni falta que hace.

No suele ser muy productivo revisitar partidos antiguos y conjeturar con resultados distintos.

Lo bonito de esta historia, lo valioso, es que nos dejó este teorema. Con él sigo escribiendo lo único que importa: las páginas que (aún) no hemos escrito.

Hablando de aprendizajes: al teorema de Daniel voy a sumarle un postulado. Que complete el capítulo. Que cuadre el círculo.

Postulado de Solana

El éxito no obedece a un plan. Son más bien los planes los que obedecen a los éxitos, amoldándose a ellos a medida que estos acontecen de formas que jamás podremos planificar.

Aviso y confesión: soy (un poco) ladrón. Le he robado a Daniel una frase que aparece en la portada de su último libro, *Desorden*, para arrancar este postulado. Ha sido inevitable.

Nadie es capaz de planificar doce años de demora, ni lo que durante ese tiempo ocurrió.

¿Qué diseñador (o visionario o futurólogo o adivino) hubiera podido anticipar semejante montaña rusa de eventos, conexiones, casualidades y sorpresas?

Mi plan hizo aguas. Pasaron otras maravillosas cosas. Como suele pasar. Y, mientras estas cosas pasaban, un sutil hilo de cafés y charlas e ideas fue abriéndose paso, entre las aguas revueltas, sin rumbo fijo ni resultado cierto.

Hasta que encontró un plan.

16

INFLAR GLOBOS, DEJARLOS VOLAR

«FEF – Fuerza (universal) del Empuje Feliz»

Son las dos de la madrugada. Tengo la sensación de llevar aquí toda una vida, sentado delante del ordenador, en una esquina de «la saleta», que es como llamamos a este espacio familiar y multifuncional, atiborrado de vida y objetos. Aquí comemos los fines de semana, duermen los invitados que nos visitan, estudio por las noches, trabaja mi madre, incluso tocamos el piano, que preside una de las paredes.

Los años noventa llegan a su fin. *Internet* es la palabra de moda. Hace unos meses descubrí el diseño web. Estoy enamorado de Macromedia Flash, una herramienta que permite hacer todo tipo de animaciones y publicarlas *online*.

Zambullido en este universo apasionante, he creado mi primera página web y la he compartido con todos mis amigos y familiares. Es feísima. Ahora lo sé, entonces no. Y, sin embargo, a todo el mundo le gusta. Mi sed exploratoria me anima a autoimponerme un nuevo reto: quiero ser capaz de contar una historia en menos de cinco minutos, usando exclusivamente las animaciones que diseñe con mi ordenador.

Escribir el guión ha sido relativamente sencillo. Pero para dibujar y animar las escenas que he imaginado me dejo literalmente las cejas y muchas horas de sueño.

Pasadas las dos de la madrugada, estoy exhausto. *Rocky*, un Golden Retriever de sonrisa franca y nombre horrendo, dormita a mis pies, calentándomelos mientras trabajo. Delante de mi nariz bailan cientos de fotogramas, interpolaciones vectoriales y globos. Porque el cortometraje se titula *El vendedor de globos* y narra la historia de una niña triste y sola que encuentra un amor verdadero ayudada por un globo.

Salto al futuro. Estamos en Francia, durante el verano del 2004, en una sala de cine inmensa, rodeados de centenares de desconocidos. Me tiemblan las manos y las piernas cuando aparece en escena el primer fotograma del mismo corto. Suena la música que compuse en el piano de la saleta, mientras mi abuela cocinaba croquetas en la cocina.

Esto ocurre en el Festival Internacional de Cine de Animación de Annecy, algo así como «los premios Oscar» del cine de animación y *El vendedor de globos* ha sido seleccionado en la categoría de «cortometrajes para Internet». Lo más, vamos.

¿Cómo se ha fraguado este sueño?

Lo más divertido (e interesante) del sueño es que jamás hubiera podido concebirlo al hacer el corto, porque ni siquiera conocía la existencia de este festival mientras animaba el cuerpo y las manos de esa niña que ahora se pasea por una pantalla mucho más grande que cualquiera de mis expectativas.

Sucedió porque, simplemente, me apeteció hacerlo.

Tenía la ilusión de hacer algo.

Y lo hice. Sin grandes planes. Sin demasiadas exigencias.

Fue puro placer creativo.

Nuevo salto temporal. Ahora estamos en el Mercat de l'Abaceria, en el barrio de Gràcia, Barcelona. Mientras compro media docena de mandarinas la vendedora me anuncia que el cierre del mercado por reformas es inminente. El espacio emana un intenso aroma a despedidas. Percibo emociones corales: esperanza, tristeza, dudas, melancolía. La semana siguiente regreso con mi cámara y mi carrito para hacer mi última compra, filmada. Hablo con los tenderos. Les pregunto sobre el futuro. Documento el adiós (¿o el hasta luego?).

De nuevo, no tengo la menor idea de si lo que filmo servirá para algo. El mercado lleva ya varios meses cerrado y apenas tengo un primer montaje que no ha obtenido una respuesta demasiado alentadora de la primera productora que lo ha visto. Dicen que está hecho con demasiadas prisas. Así que, de momento, la historia duerme en un disco duro. Veremos cómo evoluciona.

No todos mis cortos acaban en un cine. *El vendedor de globos* tuvo mucho de cisne negro. Pero eso ahora no es lo importante.

Lo que quiero es poner en valor el arte de hacer sin planificar grandes gestas, por puro gozo. Dejar luego que una misteriosa fuerza —que nadie ha definido aún— haga lo que le plazca con lo que hayamos hecho.

Ven, viaja conmigo. Nos vamos a una clase de Física General en la Facultad de Ciencias.

Estamos aquí, tú y yo, sentados en primera fila. A nuestro alrededor aplicados estudiantes toman apuntes a gran velocidad. Levanto la mano. Pregunto algo.

—Profesor, ¿cuáles son las grandes fuerzas que rigen el universo?

Se oyen risas, porque es algo trivial, que todos saben. Pero el profesor se lo toma con calma, se acerca a la pizarra y escribe en ella:

- Fuerza gravitacional
- Fuerza electromagnética
- Fuerza nuclear débil
- Fuerza nuclear fuerte

Luego se gira y lo desarrolla:

La primera es la razón por la cual no levitamos por el aula, sino que estamos sentados. La segunda permite que exista la luz, la electricidad, los teléfonos móviles y las chispas. La tercera viene a ser algo así como un «manual de diplomacia» que rige las relaciones dentro de los núcleos atómicos. Finalmente, la cuarta es la responsable de mantener unidos los átomos, permitiendo que luego se formen con ellos cosas más grandes.

—Cosas como tus ojos o mis manos —añado yo, susurrándote al oído, sin que nadie nos oiga.

Dicho esto, el profe calla, nosotros agachamos la cabeza y la lección continúa.

Pero me siento inspirado. Así que doy un golpe en la mesa, me levanto airado y le grito al aula entera que se equivocan (en parte). Que a esas cuatro fuerzas hay que sumarle una quinta, también universal, y aún no escrita.

La denomino «Fuerza (universal) del Empuje Feliz». FEF, para simplificar las cosas.

Subo al estrado, me hago con una tiza y escribo en la pizarra:

FEF - Fuerza (universal) del Empuje Feliz

Quinta fuerza fundamental, que ejerce un sutil pero profundo impacto en nuestras vidas.

Funciona como una especie de lento empuje que, sin darnos cuenta, nos arrastra hacia lugares inesperados donde nos esperan eventos felices que no estaban previstos en ninguna hoja de ruta.

Aviso: La FEF solo se pone en marcha cuando hacemos cosas. Es la única manera de activar su feliz empuje. Es importante, insisto.

Es cierto, la FEF actúa sobre todos nosotros, constantemente. Hay una quinta fuerza fundamental de la naturaleza.

En ninguno de los mapas vitales que yo manejaba hace años existían gran parte de los continentes preciosos a los que la vida, a lomos de esta feliz fuerza, me ha acabado llevando.

Y otra cosa está igualmente clara: nada hubiera ocurrido sin antes ponerme yo en marcha. Es imperativo que la fuerza te encuentre bailando. Demostraciones experimentales hay muchas y muy diversas. Este libro, sin ir más lejos, existe gracias a la Fuerza (universal) del Empuje Feliz.

Hace siglos, en una tarde de agobio, descargué a lo bruto cómo me sentía en un texto, a modo de desahogo existencial. A los creadores de la revista *Yorokobu*, Mar y Marcus, les gustó tanto que decidieron publicarlo. Entonces, la FEF entró en juego. Primero, hizo que, de todos los artículos que he escrito, que no son pocos, ese fuera uno de los más leídos. Luego, gracias a su inesperado alcance, mis palabras aparecieron en un post que leyó una tal Eva, que por aquel entonces albergaba la idea de crear, algún día, una editorial. Pasaron un par de años. La FEF continuó en marcha cuando Eva, que por fin ha creado la editorial, toma un café con Carlos (un tipo muy luminoso, que me conoce de hace tiempo). Casi por azar, le habla de mi artículo. Carlos se ofrece a ponernos en contacto. Un par de *emails* más tarde nos encontramos desayunando juntos, Eva y yo. Dos horas después, la decisión está tomada: vamos a hacer este libro.

Puro Empuje Feliz.

De la misma forma que rebobinando hacia el pasado detectamos el efecto de esta fuerza, es bueno tenerla en cuenta al proyectar el futuro para beneficiarnos al máximo de ella.

Ejemplo práctico: no sé si llegaré a puerto con el documental sobre el mercado. Pero mientras siga durmiendo en mi ordenador, no hay fuerza en el universo capaz de movilizar nada. Haré lo posible por despertarlo. En cuanto termine el libro. Me lo prometo.

Nuevo ejemplo práctico (y final): hay muchos días en que me desespero porque no pasa nada de lo que había planeado. Me frustra tomar conciencia de cuánto de lo que me puede hacer sentir feliz escapa a mi ámbito de actuación. Hay un momento en donde solo cabe esperar. No puedes hacer nada al respecto.

No estoy solo, es una sensación universal. Estoy seguro de que la reconoces: cuando te declaras a alguien; cuando pides un crédito; cuando haces una oferta por el piso que te gusta; cuando solicitas plaza para tus hijos en un nuevo colegio. O, simplemente, esperando la nota de un examen, o la lista final del maldito expediente de regulación de empleo en el trabajo.

Ocurre.

La FEF está aquí para ayudarnos. Nos enseña que hay una llave que abre más puertas que ninguna otra que haya sido forjada jamás.

¡No exagero!

Esta llave es un verbo: *hacer*.

¿Me desespero? Pues hago. Hago algo. Lo que sea:

Inflo un globo, abro una ventana, dejo que vuele.

La FEF hará el resto.

17

UN SIMIO HABILIDOSO, UN SUFRIMIENTO PRESCINDIBLE

«Gran Teorema del Bloque Intacto. Regla del Pulgar (oponible)»

Mira tus manos. Observa tus dedos. Toma un bolígrafo o un lápiz y juega un poco con él. Escribe la frase «Un simio habilidoso». No busques papel, aquí tienes un espacio:

Ahora intenta escribir la misma frase, pero sin usar tu dedo pulgar en ningún momento:

¿Qué ha pasado?

Es infinitamente más fácil escribir cualquier cosa teniendo al dedo gordo como titular en tu equipo. No ocurre lo mismo con sus compañeros. Pero es que el pulgar no es un dedo cualquiera. Hace unos dos millones y medio de años nació el primer simio equipado con un pulgar similar al nuestro. Se le conoce (al dedo, no al simio) como «pulgar oponible», porque es el único dedo capaz de hacer pinza con los restantes, multiplicando el potencial de manipulación y creación de utensilios de quien sea que lo disfrute.

Ese peculiar primer simio que gozó de un pulgar oponible fue bautizado como *Homo habilis*, que significa hombre habilidoso. Se ganó merecidamente su nombre dejándonos como testimonio múltiples herramientas de piedra que elaboró con sus revolucionarias manos.

Hicieron falta algunos millones de años más para que apareciese el *Homo erectus* y, con él, el desarrollo de capacidades manuales aún más complejas, que permitirían a nuestros ancestros no solo moldear piedras, sino elaborar objetos más avanzados: ropas, construcciones e incluso casas. Sea como sea, me parece adecuado afirmar que el *Homo habilis* fue el primer diseñador de la historia. Que sepamos, fue el primer homínido que usó sus manos para agarrar una roca y tratar de hacer algo con ella.

Hacer algo. Verbo *hacer*. ¡Justo lo que andaba buscando!

Ha llovido mucho desde entonces, pero sostengo que hay un hilo invisible que une mis manos con las del primer homínido que se atrevió a diseñar un objeto.

Me lo imagino paseando al borde de un riachuelo, eligiendo un pedrusco, rescatándolo de la orilla, golpeándolo para darle forma y destinarlo a algún fin. En esencia, algo no muy distinto a lo que podríamos ver hoy mismo, entrado el siglo XXI, en el taller de cerámica que hay al lado de mi casa.

Sí, nos une nuestra común capacidad para palpar lo que el mundo nos ofrece, para modificarlo, explorar nuevas combinaciones y hacer cosas con ello. A veces también nos une el placer que sentimos al hacerlo. Solo a veces, porque hay algo que nos separa.

No logro imaginar al *Homo habilis* juzgando, pasadas unas horas, el resultado de su trabajo, sintiéndose frustrado o triste con lo que sea que haya creado. Tampoco lo veo sufriendo antes de asestar el golpe maestro a su obra, como si evaluara si su decisión eleva la pieza a una nueva cumbre de perfección o si comete un error garrafal que arruina todo su invento.

Dudo mucho que este simio conociera el miedo al fracaso, la duda, la exigencia que solemos autoimponernos. Sospecho que son realidades incómodas de aparición más reciente. Y seguramente sean, también, perfectamente prescindibles. Aunque deshacerse de ellas resulte muy complejo.

He sufrido sus efectos en múltiples ocasiones. Solemos esconder estos sentimientos detrás de palabras socialmente aprobadas que parecen acertadas y justas: *perfeccionismo*, *calidad*, *profesionalidad*, *excelencia*.

¿Te suena?

Poco importa cómo los camuflemos. Es imperativo, en el marco de una teoría (optimista) del fracaso, encontrar formas de quitárnoslos de encima. De volver al placer original.

Una de las primeras cosas que hice fue poesía. Tenía trece o catorce años. Soñaba con ser el nuevo Neruda y pasaba largas noches dando forma a poemarios semiexistencialistas que me parecían magníficos. No estaba solo. Algunos amigos muy queridos compartían idéntico sueño.

Al principio, fue pura necesidad. Sentía cosas, se me hinchaba el pecho. Tomaba un boli y con mi pulgar oponible trasmutaba aquello en poesías. Pero a medida que fui avanzando en el baile de cuadrar versos y rimar sílabas, apareció la jodida exigencia. El perfeccionismo. Un tapón se interpuso entre mis sentimientos y mis escritos. Lo que había sido una útil válvula de escape era ahora una cañería semiatascada por la que a duras penas pasaba un cuarto de mis emociones.

Un chasco, vamos.

No hay necesidad de irse al pasado para sentir la misma exigencia —y el bloqueo que trae consigo— prácticamente cada día de mi vida. Viaja conmigo. También la veo en muchas de las personas que me rodean. No hablo (solo) de diseñadores o los mal llamados «creativos» (menudo nombre: todos somos creativos). La detecto en el taxista que me lleva al aeropuerto y resopla cuando no logra esquivar un semáforo o cuando yerra en la elección del recorrido. La percibo en el estudiante que sufre cuando prepara una tarea. En mi sobrina cuando toca el violín, nerviosa, asustada ante un posible fallo. O en Alex, mi ahijado, cuando revisa un regate que no le salió como quería en el partido del domingo.

¿Son inevitables estas exigencias?

¿Tan distintos somos de ese simio que moldeaba piedras tranquilo?

Es este un asunto que me ha acompañado mucho tiempo. Como se suele decir, cada persona es un mundo y cada caso, un universo. Sin embargo, he encontrado algo que quiero compartir contigo.

La culpa de casi todo la tiene Platón. Ya sabes, el sabio filósofo.

Y una posible solución la tiene Lao-Tse: otro sabio, aunque menos conocido en nuestro lado del mundo.

Si le preguntásemos a Platón cómo es la escultura perfecta, seguramente nos respondería sin grandes vacilaciones que es un hombre (los griegos antiguos eran muy machistas) de formas proporcionadas, cuerpo musculado y figura hercúlea. Una especie de Superman a la antigua.

Si Platón nos viera esculpir una figura, revisaría concienzudamente cada uno de nuestros golpes de cincel, convencido de que solo una única combinación puede resultar en una escultura perfecta.

¿Imaginas el miedo al error, el sufrimiento en cada pisada, si crees que solo una combinación de pasos es la correcta?

El enfoque «platónico» es una garantía universal de sufrimiento. Y lamento darte la mala noticia de que tu cerebro (y el mío) vienen con el sistema operativo «Platón 2019» instalado de fábrica.

Pero hay otras opciones. Se impone hacer una copia de seguridad de los archivos e instalar otro sistema operativo. Lo llamaré «Tao 600 a.C.». Sí, es más antiguo. Pero no temas: es muy sólido y lleva años en el mercado.

Este «sistema operativo» plantea una forma alternativa de ver las cosas. Si le hiciésemos a Lao-Tse, su mítico creador, la misma pregunta que le hemos hecho a Platón hace un rato acerca de la escultura perfecta, respondería de manera muy distinta.

En su opinión, la escultura perfecta no es ninguna forma concreta que podamos darle a un bloque de piedra tras una serie elegida de golpes de martillo. Nada más lejos de su idea de perfección. Según Lao-Tse, la única escultura perfecta concebible es el bloque intacto. La piedra antes de ser tallada.

Porque la perfección no reside en lo que podamos hacer con la piedra, sino en su infinito potencial, antes siquiera de levantar el cincel y buscar una forma en el granito.

Es esta una concepción tan liberadora que he decidido dedicarle no un teorema, sino un gran teorema.

Gracias, Lao-Tse.

Me —¿nos?— has salvado la vida.

Gran Teorema del Bloque Intacto

No existe la escultura perfecta, ni una serie predeterminada de acciones que nos lleve a ella.

La única perfección concebible es la del bloque intacto, que antes de ser tallado contiene en él todas las (infinitas) combinaciones posibles.

A la luz de este gran teorema quedamos liberados del miedo de pensar que cada una de nuestras elecciones puede conducirnos al fracaso.

No hay tampoco necesidad alguna de sufrir a cada paso que damos, porque no hay decisiones erróneas, sino infinitas posibilidades.

Hacer es navegar el océano que las conforma, disfrutando de cada irrepetible trayecto.

Regla del pulgar (oponible)

Si algún día, haciendo algo —lo que sea— detectas que tu autoexigencia está erosionando el innegociable placer de hacerlo, cierra los ojos y recuerda: no somos más que simios felices, con pulgares oponibles, tallando piedras que encontramos en el camino.

Nada más.

¡Disfruta!

El *Homo habilis* habitó la tierra muchos millones de años antes de que nacieran Platón o Lao-Tse. O nosotros, por supuesto.

Nada parece indicar que supiese hablar, ni mucho menos leer o escribir.

Tampoco consta que esto le preocupase lo más mínimo.

En su talento para tallar piedras de río, sentado en la orilla, ajeno a todo salvo al placer de hacerlo, reside su maestría.

¡Gracias, maestro!

18

ERRORES REPETIDOS, CÍRCULOS VIRTUOSOS

«Ley de la Espiral Eterna»

En mitad de la enésima mudanza de mi vida, abro el maletín de l'avi Pepe. Es una elegante maletita de cuero que heredé de mi abuelo materno y que lleva un par de años encima de un armario, observando mi día a día desde la distancia.

En su interior aparecen media docena de libretas usadas, que guardé allí en la mudanza anterior. Hojeándolas me doy cuenta de que un arqueólogo del futuro podría reconstruir todo mi recorrido vital explorando esta colección de libretas viejas.

Cada etapa de mi vida va asociada con, al menos, una. Es algo que se ha convertido en un pequeño rito: florece un amor, un proyecto. O un cambio de casa, de ciudad o de trabajo. Ceremoniosamente busco un nuevo cuaderno, que estreno con todos los honores e ilusiones que el proyecto me produce. Hacerlo me ayuda a marcar hitos y centrarme en lo que llega.

Sin embargo, tiene un efecto secundario que no tengo del todo resuelto aún. Con el correr de los años, acumulas un volumen de libretas que pesan lo suyo. Deshacerte de ellas no es tan fácil como tirar revistas viejas o facturas vencidas, porque tu vida está contenida en ellas.

No solo eso. Un cuaderno de este tipo funciona también como un «congelador de errores». Descansa en el desván hasta que un día reabres una página, pones su contenido en el horno y reaparece el antiguo error.

Voilà!

El plato está servido, preparado para que volvamos a sentir aquello que nos produjo en aquel momento. Todo un viaje en el tiempo, a precio de ganga y con error incluido.

Visto así, dan ganas de quemarlas. O no. Todo depende de la mirada con que observemos nuestros errores.

Recordarlos puede doler. Como me ha dolido, hace un rato, enfrentarme a palabras que escribí hace siglos. Pero los errores no solo son instantes agrios que nos atacan por la espalda en mitad de una mudanza. Si los miras bien, se convierten en brújulas que te ayudan a avanzar con la puntería afinada.

Por eso es tan difícil quemar viejas libretas: porque entre el carbón de sus garabatos hay diamantes. Y como validación experimental de todo esto, una reciente anécdota narrada en dos actos y un cierre.

Primer Acto

Estoy en mitad de un juicio sumarísimo, valorando si indulto o quemo una de mis libretas. Releyendo su contenido, aparece algo que escribí en Madrid, año 2006, cuando estaba a punto de volver a Barcelona. Salía de una etapa laboral y personal que fue rica y jodida al mismo tiempo. Leo una serie de errores que había cometido. Los recuerdo, todos, como si fuese hoy.

Segundo Acto

Otra libreta, más reciente, cae en mis manos. Se repite el ciclo: sentado en un café, ahora en París, durante un octubre agitado en extremo, hice una nueva lista de errores. Aunque en esta ocasión no uso esa palabra para referirme a ellos. Hablo de «lo que he aprendido». Todo un cambio de actitud que me reconforta. Un poco.

Tercer Acto: cierre

Hay algo que me escuece. Distan más de diez años entre los primeros y los segundos errores, pero algunos se repiten. Como ese gazpacho que devoras el domingo y el lunes a la tarde sigue contigo. Un frustre, vamos.

¿De qué me sirve ir documentando errores si luego resulta que los repito como un hámster en su rueda, dale que dale, sin moverme de la misma jaula?

Además, ¿qué hago ahora con las libretas? ¿Las quemo o las llevo conmigo? Vayamos por partes.

Cerremos la trama de la mudanza primero.

Tras leer lo que había escrito en ambos cuadernos, he decidido quemarlos. Los dos. Sin miedo.

No es que no valore los errores. Son perlas preciosas. Pero los que he leído hoy no necesito releerlos más. Hace tiempo los digerí y florecieron. Los llevo dentro de mí, pero mutados. Más práctico que cargar libretas.

¿Qué pasa con los errores en círculo y la enorme frustración que producen? Como otras tantas cosas en la vida, depende del lugar desde el cual se los mira.

Desde un cierto sistema de referencia, puede ser cierto que observemos a alguien andar en círculos. Pero esta primera observación no es garantía absoluta de que ese alguien no esté avanzando. Y no me he vuelto loco ni necesito revisar la graduación de mis gafas.

Una nueva ley nos ayudará a resolver esta (solo aparente) paradoja.

Ley de la Espiral Eterna

Solemos repetir nuestros errores. Nos puede incluso parecer que andamos en círculo, tropezando una y otra vez con las mismas piedras. No es este, en realidad, el movimiento que seguimos. Subimos, más bien, una escalera de caracol, dibujando una trayectoria en espiral.

Visto desde arriba (o desde abajo), puede parecer que nuestro movimiento es circular, pero basta alejarse un poco para darse cuenta de que los círculos son, en realidad, guirnaldas. Una espiral eterna, ascendente, que construimos paso a paso, error a error, vuelta a vuelta.

Nos repetimos, sí. Pero aprendiendo —ascendiendo— mientras tanto.

Puedes visualizar la espiral de maneras muy distintas. Imagina el plano en planta de un edificio de viviendas. Siempre hay un rectángulo, que es donde están las escaleras. Visto desde arriba es solo eso: un espacio bidimensional donde apenas cabe una cama. Un hueco inútil. Aparece entonces la tercera dimensión y el rectángulo se transforma en multitud de escalones por donde suben y bajan los seres humanos. Magia.

Otra visualización, mi preferida, son esas escaleras de caracol de antenas o campanarios. Casi invisibles, trepan hasta lo más alto sirviéndose solo de diminutos peldaños. Su gracia reside en que están ligeramente curvados, y que cada uno asciende una pequeña altura. Detalles que parecen insignificantes hasta que, pasado un rato, sumándolos todos, resulta que estamos en lo más alto de una torre inmensa. Grandioso invento, el peldaño.

Algunos errores se cometen una vez, quedan grabados a fuego y no se repiten nunca más. Otros nos acompañan durante mucho tiempo. Incluso pueden volverse crónicos, de manera lastimosa. En ese caso es recomendable llamar a la caballería, pedir ayuda externa. Porque no estamos obligados a vivir enjaulados en nuestros tropiezos.

Podría terminar aquí el capítulo, pero faltaría algo.

Tú ya sabes que de los errores se puede aprender. Eso lo sabe todo el mundo. Lo que no es tan obvio es cómo logramos que eso ocurra. Es un poco como ir al médico y que te diga «tiene usted que hacer ejercicio y fumar menos». Vale, muchas gracias. Es lo mismo que me repito a mí mismo cada día al salir de la ducha. ¿Tiene algún consejo útil sobre cómo llevarlo a cabo?

Me ha llevado mucho tiempo y más errores lograr que algunos de ellos sirvieran de aprendizaje. He seguido tres grandes pasos para hacerlo.

(Nota: detesto la idea de dar «recetas mágicas» para ayudar a alguien. Comparto estos pasos como ejemplo práctico de lo que a mí me ha ayudado. Viene sin garantía alguna de éxito. Si ves algo que te gusta o te inspira, te lo llevas. Y si se te ocurre algo mejor, cuéntamelo, me interesa.)

El primer paso es la aceptación.

Algo nada trivial, porque no nos gusta demasiado admitir que nos caímos con todo el equipo puesto y que fue, en gran parte, culpa nuestra.

El segundo paso es la observación detallada.

Habiendo aceptado que cometimos errores, a una cierta distancia temporal de los hechos, nos ponemos bajo la lupa e intentamos describir con todo lujo de detalles aquello en lo que nos equivocamos. Como un biólogo analizando muestras en su laboratorio. Suelo hacer esto con lápiz, papel, café y cariño, porque es un proceso emocionalmente muy denso.

En el tercer paso, al fin, llega, a veces, el cambio.

Nos convertimos en diseñadores de nuestra propia vida e intentamos, usando lo observado, añadir nuevos ingredientes vitales que limiten las probabilidades de que cometamos, de nuevo, esos errores.

Es importante recalcar que todo cambio, para que tenga algún valor, ha de ser duradero. De nada sirven los impulsos de un día o los «subidones autoayudescos» que a veces experimentamos después de ver una peli, leer un libro o asistir a una conferencia. Sus efectos suelen ser flor de un día. Nosotros queremos un jardín para todo el año.

Lograr un cambio profundo requiere modificar las recetas antiguas. Quizá hay que añadir más sal. O menos. Cambiar la sartén. O incluso rediseñar la cocina. Si no lo hacemos, en cuanto el subidón decline, volverá a cortarse la mayonesa.

En este contexto, repetir un error se convierte en algo francamente positivo. Significa que lo hemos aceptado, que está analizado y que incluso ya hemos intentado cambiar algunas cosas para no volver a cometerlo.

La repetición forma parte del proceso de ir subiendo y aprendiendo, en espiral, con calma.

Ahora sí. Puedo dar por concluido el capítulo. Solo me queda un pensamiento y nos vamos.

De la misma manera que una escalera de caracol, si no tiene peldaños, se convierte en un tubo por el cual es imposible subir, tan solo caer, nuestras vidas sin errores serían muy aburridas, no habría posibilidad de aprendizaje o ascenso.

Los errores son el alimento que nutre nuestra espiral ascendente. Como guirnaldas de colores que nos propulsan hacia arriba.

Los errores, como los peldaños, son también un grandioso invento.

19

EL VERBO MÁS DIFÍCIL DE CONJUGAR

«Postulado de Édgar»

Pasan quince minutos de las once de la noche. Termina el miércoles 24 de abril del año 2019 y lo despido en Barcelona, sentado en un colchón en medio de la sala de un piso semivacío que mañana abandonaré.

Escribo desde uno de esos típicos escenarios de mudanza, de tierra en barbecho que espera nuevas siembras.

Hay bolsas furtivas en mitad de la cocina, una escoba en la entrada, cuatro restos de comida en la nevera y un eco sólido y solemne que va conquistando el espacio.

Conozco bien este tipo de parajes. El frío puede apoderarse de uno al penetrarlos. Por eso caliento mi alma bebiendo vino dulce. Y escucho música que amo. Para no sentirme tan solo.

Observo las paredes desnudas que me rodean, rememorando lo vivido entre ellas. Lo hago como quien observa una pizarra antigua y recuerda pretéritas lecciones de álgebra. Y, como era de prever, ocurre lo inevitable: me convierto en una enorme colmena por la cual entran, como abejas veloces, millones de recuerdos. Sin orden alguno, en masa.

Siento pasar dentro de mí mañanas serenas, desencuentros, canciones, aquel labio, un sabor, aquella piel, un libro, aquel abrazo que acabó en lágrimas, risas, noches, días, desayunos. Una mesa que se rompió en pedazos. Maga, el día que conoció el piso. Jazz. Insomnios. Ese beso.

Inspiro. Exhalo. Doy un sorbo a la copa de vino.

Un escalofrío trepa por mi espalda y a punto estoy de llorar. Pero no me siento triste. Es una conmoción profunda que me ancla al mundo. Como si, de tanto ver pasar cosas por mí, algo quedara en mí. Percibo el poso de lo que queda, lo que me llevaré conmigo cuando entregue las llaves mañana. Lo que es mío y será mío mientras viva.

Campan los recuerdos a sus anchas. Son saltamontes que desbordan los dos años que he vivido en esta casa. Van al pasado. Muy, muy lejos.

Llegan al inicio.

Fíjate, es curioso: si me levanto ahora mismo del sofá, salgo de casa y echo a andar hacia el suroeste, en menos de diez minutos llegaré a la clínica en la que mi madre me trajo al mundo.

Si sigo andando en la misma dirección y luego giro hacia el sur, en menos de una hora llegaré al cruce de semáforos donde murió mi mejor amigo de la infancia.

Si no me detengo y sigo siete minutos más, aparezco delante del tanatorio donde lo despedimos. Donde escuché por primera vez a un párroco decir que nada ni nadie podía borrar el recuerdo de una muerte. Donde me indigné al oírle decir esto.

Años después le di la razón al párroco. Pero ese es otro tema. Lo importante ahora es que dan las once y media y que ha ocurrido lo inevitable: casi treinta mil palabras después de iniciar el libro, aparece por primera vez en él el verbo *morir*.

Morir, ese verbo de conjugación incómoda y oscura.

Esa losa.

Recuerdo la primera vez que me cayó encima, con todo su peso.

Noche de viernes. Pasan pocos minutos de las dos de la mañana. Introduzco la llave en la puerta de la cocina con precisión de relojero. Quiero evitar que el ruido despierte a *Blacky*, nuestro perro, que *Blacky* despierte a mis padres y que ellos se den cuenta de que llego casi una hora más tarde del límite acordado.

Todo sale a la perfección. Estoy dentro. *Blacky* duerme mientras devoro restos que pillo en la nevera. Al lado del teléfono encuentro una agradable sorpresa. Ha llamado Patri, mi amiga de Barcelona, una de las dos personas con las que aún mantengo contacto después de venir a vivir a Madrid con mi familia. La letra de mi madre me indica que la llame sin falta mañana al levantarme. Y me desea buenas noches.

«¡Qué bien! —pienso—. Tal vez vendrán de visita a Madrid.»

Duermo como un lirón y sobre las once de la mañana devuelvo la llamada. En la voz de Patri no hay presagios oscuros. Me alegro de oírla al otro lado de la línea. Le pregunto si viene a Madrid. Me dice que no. Su voz por fin se quiebra un poco.

Hay un breve silencio y finalmente balbucea que Édgar ha muerto.

Édgar ha muerto.

Mi amigo murió en octubre de 1993.

Justo antes del lanzamiento de *Toy Story I*.

Antes de que un túnel conectase las islas Británicas con el noroeste de Francia.

Desde luego, bastante antes de vivir un gran amor. O de ir a la uni. O de encontrar trabajo y comprarse un coche de segunda mano con su primer sueldo.

Édgar solo tiene quince años, como yo.

Es demasiado irreal e ilógico para ser cierto.

Carece de cualquier sentido, morir a los quince.

Édgar tiene quince años.

Cuando cuelgo el teléfono, el verbo *tener* está virando hacia el pasado. Tenía. Aunque tardaré muchas noches en poder conjugarlo plenamente. En poder decirle a alguien que Édgar tenía quince años cuando murió.

Asumir una muerte es tan complejo y a la vez sencillo como aceptar ese tránsito del presente al pasado. De *tiene* a *tenía*.

Lo imagino como era, como fue. Quedó quieto en su adolescencia rotunda. Sigue allí, imagino.

Si me lo cruzase ahora en una plaza jugando al fútbol, él no me reconocería. Vería a un cuarentón distraído, observándolo incrédulo. Tal vez se mosquearía. Aunque yo sí le reconocería a él.

Se me humedecen los ojos al visualizarlo corriendo detrás del balón, con su media melena al viento, siempre competitivo. Algo gamberro, también. Édgar era un gamberro, sí. Pero con un corazón tiernísimo, del tamaño de un melón.

Mi llegada a Madrid fue tremebunda. Muy, muy áspera.

Recuerdo volver del cole, tumbarme en la cama, abrir un cuaderno con fotos de mis amigos de Barcelona y echarme a llorar sin remedio. Así cada tarde, durante un buen par de meses que parecieron años.

Recuerdo que cada dos jueves llevaba a la escuela un estuche lleno con todas las monedas de doscientas pesetas que había logrado amasar en quince días. Cuando acababan las clases, llamaba a Édgar desde una cabina. Hablábamos hasta que se terminaban las monedas.

Muchas veces, él me preguntaba:

—Ignasi, ¿cuándo volvéis a Barcelona?

Volver, otro verbo de hondo calado.

Volví a Barcelona. Pero es otra historia, esa.

¿Por qué nos duele tanto el verbo *morir*?

Estamos en el siglo XXI. Prevemos si lloverá o no mañana. Controlamos infecciones y virus. Pulsamos un botón y mandamos nuestra voz a miles de kilómetros de distancia. Dominamos la luz, los vientos, los animales salvajes, la pólvora y la fuerza del átomo. Programamos algoritmos que calculan trillones de ecuaciones por segundo. Tenemos pastillas para cada estado de ánimo. Drogas que los simulan. Incluso, si nos aburrimos, volamos a cualquier rincón del globo (o de la luna) y nos hacemos selfies en parajes remotos.

Esta acumulación de certezas, este control, nos impiden digerir adecuadamente dos grandes verdades:

Primera.

Todos vamos a morir.

Todos. Tú, yo, el vecino que ronca, mis padres, tus hermanos, tu jefe, la telefonista que llamó antes, el chico del súper, el abogado famoso que sale por la tele… Todos. Es un hecho.

Segunda.

Puede ocurrir en cualquier momento.

Mañana. En diez años. En cincuenta. El mes que viene. Ahora mismo.

Resumiendo, todo ser humano que nos cruzamos por la calle, yo, tú, él, nosotros, vosotros, ellos, da igual la edad que tenga, da igual si fuma o no, si es joven o viejo, va a morir. Y no tenemos la menor idea de cuándo.

La muerte, un suceso que no podemos prever, controlar ni evitar, es, además, irreversible.

Y nadie puede librarse de él.

Tal vez el verbo *morir* nos duela tanto porque, en una sociedad que encumbra el éxito por encima de cualquier otra cosa, la muerte sigue siendo nuestro mayor fracaso.

Perder un hijo antes de que cumpla dieciocho. Infectarse con un virus, que tus defensas no logren controlarlo y que se te lleve con él. Acelerar demasiado, no ver un socavón, empotrarse contra un árbol y desaparecer. Estar en el concierto erróneo, en la noche errónea, en la ciudad errónea y, de la manera más estúpida e inservible, ser acribillado por un extremista. Tropezar. Pelear años contra una enfermedad crónica, no lograr vencerla y terminar siendo devorado por ella. Acostarte un día tan tranquilo, planeando ir de compras a la mañana siguiente, pero no volver a despertarte.

¿Ves lo que ocurre? Resulta prácticamente imposible conjugar el verbo *morir* sin que la acción acabe derivando en una colosal derrota.

Espera un segundo.

Algo falla.

No puede ser. No es correcto.

Me rebelo y lanzo un «error de sistema» a escala planetaria.

No tiene sentido que percibamos como un fracaso un verbo que está tan intrínsecamente unido a la vida como el verbo *beber* o el verbo *sentir* o el verbo *nacer*.

Hace falta, de manera urgente, elaborar un nuevo postulado.

Uno tan verdadero como la mesa de madera que sostiene mi copa. (Y, a poder ser, tan dulce como la galleta que estoy comiendo.)

Postulado de Édgar

Morir a los quince no es un fracaso. Ni a los diez ni a los veinte ni a los ochenta ni a los ciento doce años.

Morir es la consecuencia inevitable del privilegio de vivir.

E independientemente de cuántos años nos toque vivir, haber estado vivo es siempre un milagroso triunfo.

Estamos apoyados en una de las barcas que dormitan en la playa de Tossa de Mar.

No hemos cumplido aún los catorce, pero tenemos un tesoro entre las manos. Un paquete de Fortuna que hemos comprado en una máquina de tabaco, con prisas y nervios, no fuese que los mayores nos vieran.

Fumamos a nuestra manera: sin tragarnos el humo (porque marea demasiado) y mezclándolo con un par de latas de Coca-Cola y gominolas.

Una vez más, surge la misma pregunta.

—Ignasi, ¿volveréis a Barcelona pronto?

No sé qué te respondí entonces, querido amigo. Volví a Barcelona, casi veinte años más tarde de ese cigarro. Pensé en ti al hacerlo. Soy muy feliz aquí.

Déjame decirte algo más. Tu muerte, a los quince, no fue ningún fracaso. Viviste quince maravillosos años en un planeta que se pasea por la Vía Láctea dando vueltas sobre sí mismo, alternando noches estrelladas y días soleados. Jugaste al fútbol. Te emborrachaste algunas veces. Tuviste buenos amigos. Reíste y lloraste. Fuiste querido por muchos. Incluso fumamos en playas y parques, a escondidas, mientras soñábamos con chicas mayores que nos dejarían tocarles los pechos algún día.

Fue un gran éxito, Édgar.

Así te recuerdo.

20

UNA CANCIÓN QUE NO TERMINA

«Paradoja de Cohen»

Estoy escuchando una canción. Se titula *Hallelujah* y la compuso Leonard Cohen. Su versión original, publicada en el año 1984, dura cuatro minutos y treinta y siete segundos. Hasta aquí, todo bien.

Para componerla, sin embargo, hizo falta bastante más tiempo. En concreto, cinco años. Sí, Leonard vivió cinco intensos años de su vida con la canción a cuestas. Retocando versos. Revisando melodías. Quitando y añadiendo estrofas hasta que la dio por «terminada».

Si haces los números, son demoledores. Cinco años equivalen a unos 157 millones de segundos. De lo que podemos concluir que, por cada segundo de canción, pasaron más de medio millón de segundos de vida del autor. Es difícil imaginar mayor oda a la paciencia, al artesano sereno que busca y busca y no da por acabada la pieza hasta que no ha encontrado lo que busca.

Pero sigamos con la música. Enlacemos con otra canción. Esa que mandé a mis inversores para anunciarles que no les entregaría el producto que llevaban meses esperando, su ansiada, mi ansiada, Timeless Box.

Ahora que nos acercamos al final del libro, siento que es hora de contarte la historia completa.

Como esta no es una novela de intriga, empiezo por el final: logré fabricar las cajas. Un buen día mandé un *email* a los mismos inversores que me habían escuchado cantar. Les dije que la primera serie estaba lista. Que nuestro producto, por fin, era real.

A Leonard le llevó cinco años dar por terminada su canción. A mí me llevó tres dar por finalizada la primera producción.

Entre esa lluviosa noche en que mandé la canción y la mañana soleada en que anuncié el feliz desenlace pasaron cinco mudanzas, dos empleos y una docena de casualidades altamente improbables.

Me resulta complejo narrar lo sucedido. Ocurrieron tantas cosas que no dejo de preguntarme cuáles son relevantes y cuáles no. Una vez una editora me dijo que «narrar es elegir». A la luz de sus palabras, me pregunto qué hechos transmiten la esencia de esa aventura. ¿Cuál es, en realidad, la esencia de esta historia?

Comprendo entonces que es imposible «dar por terminado» algo. Que la canción de Leonard Cohen, después de cinco años, no está terminada. Que nada, nunca, está terminado.

Se alcanzan hitos lo suficientemente dignos como para pasar a una nueva etapa. Eso es todo.

En la calle Roger de Flor, en Barcelona, pulsé un botón que marcaba un hito: mandar mi canción y pedir ayuda para seguir adelante. Meses más tarde pulsé un segundo botón que marcaba otro hito: la rendición final. Pese al esfuerzo, a haber extendido los plazos de entrega, con gran tristeza confirmé que la inversión necesaria para lanzar la primera producción superaba con creces el dinero recaudado. El proyecto era insalvable. Así que opté por comunicarlo de forma abierta y sin paños calientes a los inversores, dando por concluida la aventura —cuando menos, pausándola— y devolviéndoles el dinero a todos.

Contra todo pronóstico, algunos inversores no quisieron rescatar su dinero. Este fue el tercer hito. Ellos querían su producto. Y estaban dispuestos a esperar el tiempo que hiciera falta, incluso arriesgándose a perder su inversión por el camino.

¿Las reconoces? Estas personas fueron las casi mágicas luciérnagas que salieron a mi encuentro en una de mis noches más oscuras. Conocidos —y desconocidos—, que llevaban casi un año esperando su Timeless Box, no solo no se enfadaron conmigo sino que albergaron la diminuta esperanza de recibir, algún día, el producto.

Ante esta luminosa respuesta, ofrecí a quienes estuvieran dispuestos a arriesgar su dinero un «Vale vitalicio de descuento» para su Timeless Box si, solo si, lograba fabricarla algún día. Dejé claro que las probabilidades eran escasas, pero casi un veinte por ciento de los inversores decidieron confiarme su dinero.

Esos vales son una de las cosas más bonitas que jamás he diseñado. Cada uno de ellos era una semilla. Un gigantesco acto de fe.

Pero con fe no se compran panes, ni queso. Ni se pagan alquileres. Recogí los restos del naufragio, pinté una sonrisa en mi desencajado rostro y dediqué los siguientes meses a buscar nuevos trabajos o proyectos que me permitieran recuperarme del trompazo.

Tiré de agenda, mandé *emails*, lo comenté con gente de cinco ciudades distintas. Hasta que un amigo de un amigo me presentó a otro amigo, tomamos un café y me presentó a un presidente de empresa, con el que tomé otro café y con el que, tras numerosas charlas y vinos, dimos forma a un proyecto apasionante en una ciudad magnífica.

Me agarré a esa oportunidad con uñas y dientes, me embarqué en una nueva mudanza y en un rincón del trastero de mis oficinas barcelonesas dejé escondida una caja con todos los prototipos de la Timeless Box. Allí quedaron, adormecidos, esperando mejores épocas para ser revividos, si es que eso llegaba a suceder algún día.

Pese a todo, no logré olvidar completamente el proyecto de la Timeless Box. Era una tenaz semilla sembrada en mi mente, y en las de otros que la habían conocido. De tanto en tanto, brotaba en reuniones o proyectos que me la traían a la memoria. O cuando en mi *inbox* alguien preguntaba, un sábado por la noche, dónde se podía comprar.

Entonces no les di demasiada importancia a aquellos brotes aleatorios. Más bien traté de ignorarlos. Ahora comprendo que un sutil empuje —¿la FEF?— estaba trabajando en lo profundo, planeando sucesos inesperados. La Ley Universal de la Relatividad del Fracaso hizo el resto: el mismo mes en que empezó a desmoronarse el proyecto parisino al que me había aferrado para salir a flote, recibí dos llamadas que iban a cambiarlo todo. Aunque la primera de ellas, al principio, me hiciera entrar en pánico.

Imagina que hace años dejaste un producto a medias. Que perdiste tiempo y dinero con él.

Imagina que un día cualquiera un tal Gary, que vive en San Francisco, te manda un *email* en donde pide hablar contigo.

Le das tu Skype, te llama, se presenta y acto seguido te cuenta que tiene la patente americana de tu producto, que seguramente has infringido la ley estadounidense al venderlo en su país.

¿Es o no es como para echarse a temblar?

Pero Gary no quería denunciarme. Más bien quería ayudarme a fabricar el producto para que lo vendiésemos juntos. A las pocas semanas del susto, tenía nuevos socios al otro lado del charco y nuevos fondos económicos para lanzar la primera producción de Timeless Boxes.

Lo cual es absolutamente increíble.

Pero, como diría un animador circense, «Damas y caballeros, no se vayan todavía, que aún hay más». Al poco tiempo, una segunda llamada, esta vez desde Madrid, redondeó el milagro: alguien había decidido venderle a una televisión española un *reality show* basado en nuestro producto, la televisión había decidido comprarlo, y necesitaban urgentemente nuestro acuerdo —y nuestras cajas— para empezar a filmar. Cuanto antes.

¡Pura Ley del Calcetín en dosis insospechadas!

De golpe, el timón viró hacia nuevos destinos. Los antiguos prototipos salieron de las cajas donde hibernaban desde hacía tiempo. Los teléfonos de los fabricantes de Sabadell echaron humo. La despedida de París se convirtió en una divertidísima etapa sembrada de aviones, visitas a proveedores, prototipados electrónicos, pliegues metálicos, más prototipos, retoques, avances, más retoques...

Y, finalmente, llegó el día. El momento.

La tarde-noche en que visité una nave industrial a las afueras de Barcelona y tuve entre mis manos la primera docena de Timeless Boxes plenamente funcionales.

Me parecieron bellas.

Misteriosas.

Terminadas.

¿Terminadas?

Mis padres tienen en casa una de las primeras unidades que fabricamos. También yo guardo algunas. De vez en cuando las miro y juego con ellas un rato. Suelen bastarme unos pocos segundos para empezar a barruntar cosas que añadiré en la siguiente fabricación.

Ideas para mejorar detalles que nadie más ha visto.

Cambios.

Nuevos cambios.

Da igual la versión de Timeless Box que analice: siempre encuentro puertas por abrir. Cuentas pendientes.

Siempre me parece un producto inacabado.

Como todos los productos.

Como la canción de Leonard, ese precioso himno que marcó el inicio de este capítulo y que ha inspirado la paradoja que ahora enuncio:

Paradoja de Cohen

Nada se termina, nunca.
Todo está a medias.

Cuando llegamos al —supuesto— final
y damos algo por concluido
simplemente decidimos
que está lo suficientemente maduro
para salir al mundo,
para echar a andar sin nosotros.

Pero siempre quedan caminos inexplorados.

Porque todo es —y todos somos—
eternos prototipos.

La Paradoja de Cohen es bidireccional, lo que le confiere efectos terapéuticos de gran alcance:

Por un lado, ante la angustia que puede producirnos querer alcanzar grandes finales, nos aporta la calma de saber que siempre quedarán cosas pendientes, dado que la finalización absoluta es una ficción. Se trata de aprender a decir «basta», sacar un lápiz y trazar una marca en el camino.

Por el otro lado, si nos apena transitar un final, nos aporta el sosiego de saber que probablemente aquello que damos por cerrado no lo está del todo, sino que ha alcanzado otro grado de maduración o ha entrado en una etapa de reposo de la que puede despertar un día si los vientos son más propicios.

Es lo que ocurrió con las cajas y mi proyecto. Hice todo lo posible por enterrarlos en el pasado. Incluso borré de mi ordenador cualquier archivo que me recordase esa etapa llena de amargura. Pero una fuerza sin rostro tenía otros planes.

Cuando menos lo esperaba, un empuje —ajeno a mí— rescató el proyecto, dándole nuevos bríos que fue imposible ignorar.

Y cuando estas cosas suceden, no te dejan muchas opciones. Miras el plan de acción que elaboraste, haces una bola de papel con él y lo tiras a la papelera más cercana. Luego te subes al nuevo tren y dejas que te lleve hacia donde sea que esta vez toque ir.

No fue un camino fácil: quedaban algunas piedras ocultas en las vías. Pero al final llegamos a la estación donde había centenares de Timeless Boxes listas para ser vendidas.

Aunque en mitad de este trayecto, una mañana de noviembre y de forma inesperada, se apagó una voz profunda.

Leonard Cohen murió.

Su muerte me sorprendió en una etapa preciosa, en plena finalización y lanzamiento del producto.

Durante meses, con el mismo cariño con que él había dado forma a su *Hallelujah*, fui retocando modelos, puliendo aristas y explorando en todas las direcciones imaginables. Hasta alcanzar un diseño final, que ni es el único posible, ni es necesariamente el último, pero que hizo realidad el enorme sueño de compartir mi idea con el mundo, poniendo en manos de otros algo que inicialmente era solo mío.

Fue así como llegó esa mañana soleada en que mandé un nuevo *email* a los inversores comunicándoles las buenas noticias: su producto estaba disponible.

Contra todo pronóstico, los Vales-semilla florecieron. Quienes los inspiraron, quienes más confiaron en mí, pudieron hacer uso de ellos. La Timeless Box estaba disponible.

Vendimos y mandamos por todo el mundo aquel inusual invento.

A veces me cuesta creer que todo esto haya realmente sucedido. Tomar plena conciencia de que hoy, ahora, mientras cuento el final de esta historia —y doy por cerrado el libro— hay varios centenares de personas que tienen en sus casas una de las Timeless Boxes que tanto sudor me costó ofrecerles.

Pero ocurrió. Existen.

Cada caja que salió del taller es prueba de ello.

Cada persona que adquirió una es testigo de esta improbable odisea.

Las han usado para pedir matrimonios, salvaguardar recuerdos, esconder regalos, animar reuniones, jugar con niños... De una u otra manera, mi historia ya forma parte de sus vidas.

Solo por eso valió la pena tanto «fracaso».

Aunque a estas alturas sepamos todos que ni lo de antes había sido un fracaso, ni lo de ahora es un éxito.

Es todo más complejo y sutil.

¿Cómo destilar el significado último de tantas vivencias, desde aquellos conciertos en Madrid hasta los últimos tropiezos, los sudores fríos en el despacho de Arkady, los besos que no dimos, las carpetas rojas, las escaleras y sus peldaños, el cine de Annecy y los globos, las casi mágicas luciérnagas?

Lo más honesto es admitir la existencia de innumerables eventos imprevistos, empujados todos por las sutiles fuerzas —y postulados, axiomas, leyes y principios— de esta peculiar Teoría Optimista del Fracaso.

Cada evento dio lugar a otros nuevos.

Muchos de ellos, positivos.

Algunos, incluso, soleados.

Como esta tarde de junio, en las afueras de París. Sentado en la cocina, mientras escribo, veo las flores del jardín. La luz del final del día acaricia la tierra. La manguera amarilla serpentea entre las plantas. En el huerto empiezan a asomar pimientos, tomates, berenjenas y, si tenemos suerte, tal vez calabacines.

Ya perdí la cuenta de todas las semillas que aquí plantamos y no crecieron nunca. Bien sé que fueron muchas. Hoy solo veo las que han brotado. Las que crecen en tierra fértil.

Cada una de ellas es un triunfo abonado por fracasos optimistas.

LLEGAR AL FINAL, VOLVER A EMPEZAR
(a modo de despedida)

Ya está. Llegó el final. Termina el libro y doy por concluida esta teoría. El tintero debería estar vacío.

Pero... siempre aparece un «último» pero.

Tengo dudas.

Escucho jazz de los años treinta buscando inspirarme. Experimento una honda melancolía. Tengo la sensación de que tal vez me queden cosas que contarte. Podría aprovechar el tiempo previo al envío del libro a imprenta para redondear algunos conceptos.

Bobadas.

Estoy demorando el cierre. A conciencia.

¿Lo notas, no?

Me entristece esta despedida. No sé quién eres, no sé dónde estás ahora, no sé nada de ti, pero hemos recorrido todo un camino juntos. He compartido contigo más de cien mil caracteres de reflexiones, experiencias, fracasos y sonrisas. Son más de veinte mil palabras.

¿Con cuántos amigos has intercambiado más de mil palabras?

¿No nos merecemos ni que sea un abrazo?

Opino que sí. Te propongo un trato: si algún día nos cruzamos por la calle —y me reconoces— pronuncia una palabra secreta y nos lo damos.

Busquemos una buena contraseña.

Una que no sea demasiado fácil —acabarían por enterarse todos los que no han leído el libro— pero tampoco demasiado compleja —no quiero que te quedes en blanco si nos encontramos.

Aquí la tienes:

****

Asunto zanjado.

Solo me queda encontrar la forma de cerrar la puerta.

Regreso al «If» de Rudyard Kipling. Recurrí a él cuando no sabía cómo empezar mi teoría y me parece coherente retomarlo ahora que encaro el punto final.

El Postulado de Kipling nació a la luz de dos versos que hablan sobre triunfos y fracasos. Ahora me centro en otros cuatro que siempre me intrigaron sobremanera:

> «(...) Si puedes amontonar cuanto has ganado,
> y arriesgarlo todo a una sola carta,
> y perderlo, y volver a empezar desde el principio,
> y jamás murmurar una palabra sobre lo perdido
> (...)»

¿Qué tipo de ser humano se jugaría a las cartas todo cuanto ha ganado? ¿Por qué sería alguien tan necio?

Te propongo un segundo trato: si logro contestar esta pregunta, damos por acabado el libro. ¿De acuerdo?

(Lo sé, hago trampa, pero asumiré que tu silencio es una respuesta afirmativa.)

Volvamos al interrogante. Entremos en materia. Lo que siempre me intrigó de los versos de Rudyard es el hecho de jugárselo todo a una sola carta. Así, sin más. Algunas traducciones hablan de un lanzamiento, otras de dados. El poema original hace referencia al *pitch-and-toss*, un juego inglés que consiste en tirar monedas al aire,para que se lo lleve todo quien más se acerca a una determinada marca.

Kipling no habla de arriesgar tus ganancias para salvar la vida de un niño, construir un puente o salir victorioso de una batalla épica. Deja muy claro que se trata de poner todo cuanto has ganado en manos del azar, sin grandes gestas de por medio.

No solo eso: si lo pierdes —todo—, retornas a la casilla de salida y vuelves a empezar sin maldecirte.

Cuando escribí el «Postulado de Kipling» confesé que me llevó años comprender en toda su profundidad este poema. De hecho, decidí ignorar —con nocturnidad y alevosía— estos versos. Dejé de lado este «aparente» sinsentido.

Ahora siento que todo empieza a cobrar sentido.

He necesitado elaborar una teoría optimista del fracaso para resolver el enigma.

Expongo un último axioma inesperado y lanzo también mi última moneda.

Axioma de Rudyard

De la misma manera
que los triunfos —y los fracasos—
son mentira,
lo ganado vale lo mismo
que lo perdido:
nada.
Cero.

Tu verdadero valor no reside
en lo que tus manos han hecho,
sino en tu capacidad
—íntima e indestructible—
de haberlo hecho.

¡Qué sencillo parece ahora que lo he escrito!

Da igual si perdemos un empleo, un amor, una casa, una empresa, un cuadro: lo que sea.

Da igual lo conseguido. Puedes apostarlo en el casino sin miedo. No estarás jugándote gran cosa. Las verdaderas joyas de la corona están a salvo, porque las llevamos dentro.

Estoy, al fin, tranquilo. Me sirvo una copa de vino y brindo por Rudyard Kipling.

El cierre que buscaba ha aparecido.

El final de este libro es una invitación a vaciar maletas, aligerar el paso y volver a la primera página como si no hubiese ocurrido nada.

El final es un principio.

(Y la contraseña es *tournesol*.)

AGRADECIMIENTOS

Gracias a mi amigo Antonio, por acompañarme en todos los fracasos y hacerme partícipe de sus logros —la preciosa Lea y Julie incluidas—. Y a Ernesto, por mantenerse cerca aunque vivamos lejos.

Gracias también a Carlos, por la semilla de este libro; y a Eva, Victoria y el equipo de Kōan, por guiarme en la aventura de editarlo y publicarlo.

Gracias a Miguel, por insuflar sol cada vez que llueve; a Álvaro, Ricard, Román, Yago, Jeff, Meri, Itzy, Joan, Marcos, Alejandro..., por hacer más bellos los trayectos; a Laura, por mandar primaveras argentinas cuando en Europa ataca el otoño; a Emma, por leer mis textos y regalarme consejos; a Elena, por sus clases de redacción; a Fran, por su apoyo incondicional durante los años que caminamos de la mano; a Arkady, por llenar de poesía las matemáticas; y a Alfredo, Joaquín, «los Osos», Dani, Félix, Marta... por venir a tantos conciertos.

Gracias a mis socios y amigos Bernard, Pablo y Pedro, por todo lo que hicimos; a Ferran, Esteve, Sergi y Xavi, por cobijarnos mientras lo hacíamos; a Jaume, por dar forma a mi primer producto; a Xavi y David, por prototipar durante tres años; a Hugo, Jaume y el resto de «karmas», por tener siempre una mesa libre; y a Nacho, Emma, Yolanda, Annette, Martín, Andreu..., por una de las etapas más enriquecedoras de mi vida, carpetas rojas aparte.

Gracias a Maga, por renovar mi fe en la magia y en las semillas; y a Myrtille, Bernard y «los de Guillaumes», por acogerme y apoyarme mientras escribía; y a Olga —y los habitantes de la Corbera— por hacernos un hueco en su paraíso.

Gracias a Sara y Enric, por su apoyo constante en un universo variable; a Gema, Alex, Clara y Víctor, por ensanchar la familia; y a mi *padrí* Antoni, por no olvidar nunca la mona.

Finalmente, a mi padre, por su empuje y alegría perennes, y a mi madre, por su fortaleza sutil y los bailes en la cocina, gracias.

IGNASI GIRÓ
París, 29 de septiembre de 2019

ANEXOS

¿Y ahora qué?

No me he inventado nada: el cortometraje del vendedor de globos, la Timeless Box, el *email* con una canción... Todo eso ocurrió y está documentado. Así que hemos decidido agruparlo y compartirlo, al lado de esta recién estrenada teoría, aquí:

TeoriaOptimistaDelFracaso.com

Si lo deseas, también puedes compartir tu visión conmigo en twitter: @ignasigiro.

E incluso, si te apetece, puedes descubrir mi lista —inacabada— de luciérnagas aquí: ignasigiro.com/thanks.

El famoso poema «If», de Rudyard Kipling

IF you can keep your head when all about you
Are losing theirs and blaming it on you,
If you can trust yourself when all men doubt you,
But make allowance for their doubting too;
If you can wait and not be tired by waiting,
Or being lied about, don't deal in lies,
Or being hated, don't give way to hating,
And yet don't look too good, nor talk too wise:

If you can dream —and not make dreams your master;
If you can think —and not make thoughts your aim;
If you can meet with Triumph and Disaster
And treat those two impostors just the same;
If you can bear to hear the truth you've spoken
Twisted by knaves to make a trap for fools,
Or watch the things you gave your life to, broken,
And stoop and build "em up with worn-out tools:
If you can make one heap of all your winnings
And risk it on one turn of pitch-and-toss,
And lose, and start again at your beginnings
And never breathe a word about your loss;
If you can force your heart and nerve and sinew
To serve your turn long after they are gone,
And so hold on when there is nothing in you
Except the Will which says to them: 'Hold on!'
If you can talk with crowds and keep your virtue,
Or walk with Kings —nor lose the common touch,
If neither foes nor loving friends can hurt you,
If all men count with you, but none too much;
If you can fill the unforgiving minute
With sixty seconds' worth of distance run,
Yours is the Earth and everything that's in it,
And —which is more— you'll be a Man, my son!

Si

Si puedes mantener la cabeza cuando todo a tu alrededor
pierde la suya y por ello te culpan,
si puedes confiar en ti cuando de ti todos dudan,
pero admites también sus dudas;
si puedes esperar sin cansarte en la espera,
o ser mentido, no pagues con mentiras,
o ser odiado, no des lugar al odio,
y —aun— no parezcas demasiado bueno, ni demasiado sabio.

Si puedes soñar —y no hacer de los sueños tu maestro,
si puedes pensar —y no hacer de las ideas tu objetivo,
si puedes encontrarte con el Triunfo y el Fracaso
y tratar de la misma manera a los dos farsantes;
si puedes admitir la verdad que has dicho
engañado por bribones que hacen trampas para tontos.
O mirar las cosas que en tu vida has puesto, rotas,
y agacharte y reconstruirlas con herramientas viejas.

Si puedes arrinconar todas tus victorias
y arriesgarlas por un golpe de suerte,
y perder, y empezar de nuevo desde el principio
y nunca decir nada de lo que has perdido;
si puedes forzar tu corazón y nervios y tendones
para jugar tu turno tiempo después de que se hayan gastado.
Y así resistir cuando no te quede nada
excepto la Voluntad que les dice: «Resistid».

Si puedes hablar con multitudes y mantener tu virtud,
o pasear con reyes y no perder el sentido común,
si los enemigos y los amigos no pueden herirte,
si todos cuentan contigo, pero ninguno demasiado;
si puedes llenar el minuto inolvidable
con los sesenta segundos que lo recorren.
Tuya es la Tierra y todo lo que en ella habita,
y —lo que es más—, serás Hombre, hijo.